MISIOLOGÍA

CRISTO MOVILIZA A SU IGLESIA

Sergio Schelske

EDITORIAL CONCORDIA • SAINT LOUIS

Fundada en 1869 como el brazo editorial de la Iglesia Luterana - Sínodo de Missouri, Concordia Publishing House le da a Dios toda la gloria por la bendición de 150 años de oportunidades para proporcionar recursos fieles a las Sagradas Escrituras y a las Confesiones Luteranas.

3558 South Jefferson Avenue, Saint Louis, Missouri, 63118-3968 U.S.A.
1-800-325-3040 • cph.org

Editor: Rev. Héctor E. Hoppe

Imagen de la tapa: Jesús predicando en el Lago de Galilea. Gustave Doré. Dominio público.

Editorial Concordia es la división hispana de Concordia Publishing House.

Impreso en los Estados Unidos de América.

1 2 3 4 5 6 7 8 9 10 28 27 26 25 24 23 22 21 20 19

DEDICATORIA

Dedico este libro a mi esposa Gisela
y a nuestros hijos Santiago, Iris, y Milena

SOBRE EL AUTOR

El Rev. Dr. Sergio Rubén Schelske es oriundo de Mar del Plata, Buenos Aires, Argentina. Se graduó como Bachiller Superior en Teología del Seminario Concordia de Buenos Aires en el año 2000. Obtuvo el doctorado (Ph.D.) en Misiología en 2011 en Concordia Theological Seminary, Fort Wayne, Indiana, USA.

Desde el año 2005 hasta el 2010 fue pastor misionero en la congregación "Josué" en San Miguel de Tucumán, Argentina. Desde el 2005 al 2010 fue coordinador de la Escuela de Misioneros perteneciente al Seminario Concordia de Buenos Aires. De 2010 a 2018 fue pastor de la parroquia "San Mateo" de Ingeniero Maschwitz en la provincia de Buenos Aires.

Desde 2019 es Director del Seminario Concordia en Buenos Aires y profesor en el área de teología misional.

Schelske está casado con Gisela Seleiman, con quien tiene tres hijos, Santiago de once años e Iris y Milena de ocho años.

CONTENIDO

Introducción

"Somos mendigos, esa es la verdad." Martín Lutero

La única verdad que puede llevarnos a afirmar que somos mendigos es la Palabra de Dios.

"Un mendigo le dice a otro mendigo dónde está la comida." D.T. Niles

La misma verdad que nos enseña quiénes somos, también nos instruye para compartir aún en medio de la propia debilidad lo que somos y tenemos solo por la gracia del Padre, por el sacrificio de Cristo y en el poder del Espíritu Santo.

Dedicarse a escribir otro libro más sobre la misión y su teología representa un desafío doble. Primero, porque se trata de un tema del que ya se dicho suficiente, quizás demasiado. Segundo, pues aunque mucho se ha escrito sobre el tema, siempre resulta difícil elegir con qué quedarnos para reflexionar a la hora de elaborar en relación a la identidad fundamental de la vida de la iglesia cristiana.

Por eso veo tan importante que no hagamos de la misión simplemente un tema de estudio o análisis sin mayores consecuencias, sino antes bien que logre estimular en el lector una mirada crítica a nuestra vida comunitaria y a las formas concretas en las que estamos comprometidos con el evangelio de perdón y su movimiento expansivo. Sin dudas, una de las grandes cargas que podemos llevar es una conciencia deficiente de lo que significa la misión, y también lo que significa desde una perspectiva divina que seamos parte de la misión de Dios. Nuestra conciencia no debe llevar un peso muchas veces indescriptible, sintiendo culpa por no hacer lo que imaginamos que debemos estar haciendo. Por el contrario, el evangelio que se hace visible en el perdón dado por Cristo nos libera de conciencias culposas, y reforma nuestro corazón para que tengamos una conciencia "alegre e intrépida" como el mismo Lutero afirma,[1] de tal modo que nos involucremos sin otra motivación que una mente agradecida y honesta en y con Cristo.

---

1 En Meléndez, Andrés, ed. *Libro de Concordia. Las Confesiones de la Iglesia Evangélica Luterana.* (Editorial Concordia, Saint Louis, 1989). CMa, p 462, 92. De aquí en adelante cuando se usa el Libro de Concordia, solo se citan del mismo los documentos, números de parte, y números de referencia.

El primer paso en nuestro peregrinaje nos llevará a la fuente de vida, la palabra de Dios. Allí encontraremos, por medio del estudio y análisis de secciones especialmente seleccionadas de las cartas del apóstol Pablo, no solo el lenguaje particularmente misionero que el apóstol emplea en su diálogo epistolar con las comunidades formadas, sino también los criterios particulares que él mismo establece para que ellos se integren y asuman su parte de una obra enorme que Pablo entiende no le es exclusiva y por lo tanto tampoco excluyente del pueblo cristiano. No debe sorprendernos encontrar que aquellas primeras comunidades en las que trabajó el apóstol, aun recién convocadas por la predicación del evangelio, frágiles en algunos casos y controvertidas en otros, lograron transformar el regalo de la salvación en un compromiso incuestionable con la predicación de este. Aun reconociendo múltiples formas en que cada una tomó esta responsabilidad, una cosa es clara: las primeras comunidades cristianas forjaron el ADN de su identidad en el poder del evangelio y la esperanza de la vida eterna, bajo el fuego de la oposición y persecución de buena parte de la sociedad que los rodeaba.

Un segundo movimiento nos llevará a considerar la teología y los escritos particulares de Lutero en los que él mismo esboza una teología bíblica y contextual de la misión para su tiempo. La explicación del Padrenuestro en el Catecismo Mayor será muestra suficiente de su teología misional. Esta aproximación a una pequeña porción de sus escritos nos permitirá comprobar que su legado, en cuanto a la conexión necesaria entre iglesia y misión, merece mayor observación, y permanece como una mina de metal precioso inagotable. Otras porciones del Libro de Concordia serán el apoyo necesario para ayudarnos a concluir que no solo Lutero, sino nuestros símbolos confesionales constituyen un fundamento útil y darán vitalidad a todo esfuerzo misional que establezcamos en el tiempo presente. En este tiempo en que ya pasamos el hito histórico y la celebración de los 500 años de la Reforma, necesitamos mantener la atención sobre un legado que, lejos de maniatarnos al pasado, nos impulse al futuro con la misma fuerza con que nuestros padres espirituales supieron preservar y aplicar el evangelio de la justificación por la fe al pueblo de Dios para su salud y crecimiento.

El camino en esta exposición sobre misión seguirá su recorrido considerando un concepto clásico y ampliamente estudiado. Sin embargo, el paso del tiempo y los cambios que se observan en la vida de la iglesia, incluso en su liderazgo, me llevan a considerar un nuevo análisis, insuficiente sin dudas, y hasta debatible, si se quiere. Por esto, mi interés al considerar el concepto *missio Dei* tiene que ver no tanto con lo conceptual del mismo (aunque es necesario), sino en relación con otro concepto que deriva y al que no siempre se le concede demasiada atención: *missio ecclesiae*. Nuestro interés en relacionar razonablemente ambos conceptos viene a ser parte de un propósito mayor que es el de sostener un principio bíblico fundamental: Dios establece su presencia en el mundo a través de un pueblo que él mismo forma y sostiene. Esto es evidente en el Antiguo Testamento y alcanzará su plenitud en el Nuevo Testamento. La iglesia es el pueblo que Dios forma, sostiene, y envía al mundo a proclamar la obra de Cristo. Esta es una verdad evidente. Por eso nos interesa identificar que la relación entre ambos (*Missio Dei-missio ecclesiae*) no es de oposición, como si incorporar la actividad de proclamación de la iglesia quitara protagonismo a quien la envía o usurpara su actividad salvífica. Esta manera de considerar una oposición entre ambos niega la sana complementariedad que aprendemos a identificar en la palabra de Dios y mantiene el equilibrio tanto en el quehacer teológico-misional como en la práctica y estrategia de la misión. Los intentos de oponer uno al otro, entendemos que proceden de una concepción ideológica de tipo colonialista y/o paternalista que busca limitar la iniciativa y creatividad de las comunidades locales y por qué no decirlo hasta de organizaciones eclesiásticas enteras.

Finalmente, el tiempo presente llamará nuestra atención invitándonos a considerar cuáles son los principales desafíos que enfrenta la iglesia cristiana en términos de teología y práctica misionera. El enfoque principal tendrá a la comunidad local como agente fundamental de la misión. Este es nuestro punto de partida, el cual no niega otras formas de estrategia, sin embargo, nada puede ni debe reemplazar el esfuerzo dedicado y constante de las congregaciones cristianas en vivir el testimonio del evangelio hacia la sociedad. Podremos identificar cuatro ejes sobre los cuales será posible y necesario elaborar una teología misional. Estos cuatro ejes siguen una secuencia lógica en tanto que parten de una lectura bíblica adecuada (hermenéutica misional), siguiendo hacia una lectura adecuada del espacio social donde se inserta la comunidad local (contexto misional). Entre ambos ejes surge un tercero que busca pensar y establecer la forma que tomará la proclamación del evangelio en determinado contexto (estrategia misional), para que finalmente nos enfoquemos en una formación teológica que se construya desde el texto bíblico para las bases de la iglesia con el propósito de desarrollar una identidad claramente cristiana y evangelística (educación teológica misional). Así, al retornar a la Palabra como texto para la capacitación y el aprendizaje del lugar de la iglesia en el propósito divino, completamos y reiniciamos un círculo virtuoso orientado de principio a fin por y para la misión.

Confío, y es mi oración que, al caminar juntos por el recorrido propuesto en este libro, el Dios Trino nos ayude, sostenga, y consuele para que seamos útiles y dedicados al servicio de su misión. Un agradecimiento especial a mi esposa y mis hijos que me acompañaron este tiempo con sus preguntas animándome a completar este proyecto. También agradezco a la parroquia "San Mateo" de Ingeniero Maschwitz, que me permitió separar tiempo para escribir y también se interesó y me animó para que pudiera concretarlo. Finalmente, mi reconocimiento al Rev. Héctor Hoppe, editor de esta serie, quien fue fuente constante de motivación, así como de sabios consejos y ayuda al escribir.

Sergio Schelske
Buenos Aires
Marzo, 2019

Capítulo uno

EL TESTIMONIO DE LA ESCRITURA

Romanos 12
Iglesia, cuerpo de Cristo

El estudio de la misión de Dios enfocada desde la existencia y acción de la iglesia encuentra su razón de ser en el mismo texto bíblico desde donde se revela, no solo la forma en que Dios llega al mundo para obrar la salvación, sino también el resultado de tal acción creativa en la formación de un nuevo pueblo o comunidad en el mundo llamado iglesia. Es precisamente el texto bíblico, leído y creído como palabra de Dios, por él inspirada e inerrante en todo su contenido, el que ofrece a través de varias pinceladas repartidas en varios lugares imágenes que van delineando la esencia y el propósito de la iglesia en y para el mundo.[2]

Una de estas imágenes la ofrece el apóstol Pablo al referirse a la iglesia como un cuerpo cuya cabeza es Cristo mismo. A diferencia de otras imágenes bíblicas que nos ayudan a vislumbrar el propósito divino para la formación de esta comunidad humana en el mundo, la imagen del cuerpo aparece en varias cartas del apóstol y en cada una de ellas va nutriendo y afirmando un significado de la iglesia con relación a Cristo mismo, también en la interrelación entre los que pertenecen a este cuerpo, así como la forma de vincularse con la sociedad donde se inserta.[3]

Nuestra intención es enfocar el análisis del concepto cuerpo como se lo presenta en Romanos 12, y desde allí como eje de reflexión incorporar los aportes que traen el resto de los pasajes bíblicos que tratan el mismo

---

2 "La Biblia emplea una rica variedad de imágenes que arrojan luz sobre la identidad y la misión de la iglesia. Las imágenes son vehículos potentes, capaces de comunicar una visión. No solo reflejan el sentido de identidad que caracterizaba a las comunidades primitivas sino también han servido para inspirar a la iglesia y a desafiarla a responder a su razón de ser. Las imágenes que usamos no solo reflejan lo que somos, sino que también determinan, hasta cierto punto, lo que llegaremos a ser." En Juan Driver. *Imágenes de una Iglesia en Misión.* (Guatemala: Ediciones SEMILLA, 1998), 5-6.

3 "El que quiera saber qué es la iglesia, en el sentido cristiano, no debe comenzar con una sociedad eclesiástica conocida, con sus funciones establecidas, las cuales intentan relacionar a Cristo. Por el contrario, debe comenzar con Cristo, observando cómo la iglesia ya está comprendida y dada en él. En otras palabras, debe comenzar con la relación entre Cristo y el cuerpo de Cristo." Anders Nygren. "Corpus Christi" en *This is the Church.* (Philadelphia: Muhlenberg Press, 1952), 6.

tema, pero enriquecido por las múltiples situaciones o contextos que viven los lectores de las diferentes cartas apostólicas.

La carta a los Romanos refleja la intención del apóstol de continuar su tarea como misionero más allá de Roma en dirección hacia el oeste. Por esta razón, es significativo observar que el contenido de la epístola es profundamente doctrinal, presentando con gran claridad el fundamento que hace a la necesidad del mensaje y predicación apostólica en todo el mundo. Este impulso misionero no es propio ni individual del apóstol, sino que es compartido con todos los creyentes diseminados en distintas comunidades cristianas.[4] Por eso, no debe verse como casual que Pablo elija la imagen del cuerpo para referirse a la vida de la iglesia frente a Dios y al mundo dentro del marco necesario de llevar el evangelio a las naciones, como parte de la misión corporativa que a cada uno de sus integrantes le corresponde, incluyéndose a sí mismo por causa de su particular llamado apostólico.

Así, luego de ofrecer los fundamentos de la obra de Dios, la condición humana, la redención del Hijo y la asistencia del Espíritu Santo, sigue una exposición de lo que resulta de tal acción salvífica en la vida de la iglesia.[5]

Nuestro texto se divide en tres secciones:

12:1-2 – La nueva vida en Cristo
- v 1. Frente a Dios.
- v 2. Frente al mundo.

12:3-13 – La nueva vida en el cuerpo de Cristo
- vv 3-5. La iglesia es un cuerpo en Cristo.

---

4 Los grupos locales de cristianos no solo disfrutaron de un alto nivel de cohesión e identidad grupal, ellos también estaban conscientes que pertenecían a un movimiento mayor, "con todos los que invocan el nombre de nuestro Señor en todo lugar" (1 Co 1:2). Con el tiempo construirían una particular red de instituciones para encarnar y proteger esta conexión, y la combinación resultante de comunidades locales disciplinadas y unidas con una organización supralocal fue un factor decisivo en el éxito político y social de la cristiandad en tiempos de Constantino. Nuestras fuentes más tempranas muestran que ambos aspectos de esta doble identidad ya funcionaban. De acuerdo a Adolf von Harnack, "fue esto, y no algún evangelista, lo que demostró ser el misionero más efectivo". En Wayne Meeks. *The First Urban Christians. The Social World of the Apostle Paul.* (New Haven: Yale University Press, 1983), 107-108.

5 "Cuando él concluye el proceso inicial por el cual Dios hace a un hombre cristiano hacia la forma en que ese hombre debe vivir su vida, no es sorprendente que Pablo aun ve a Dios en el centro. Quizás la forma más simple y amplia de expresarlo es aquella en la que él implora a sus remitentes: 'presenten sus cuerpos como un sacrificio vivo, santo y agradable a Dios' (12:1), él antepone 'agradable a Dios' antes de 'aprobado por los hombres' en 14:18)." En León Morris. "The Theme of Romans." (Exeter: The Paternoster Press, 1970), 261.

vv 6-8. La iglesia funciona como cuerpo de Cristo.
vv 9-13. La iglesia refleja en su conducta que es cuerpo de Cristo.

12:14-21 – La nueva vida del cuerpo de Cristo en el mundo
vv 14-16 – Consejos prácticos positivos para relacionarse en el mundo (mente renovada, v 2).
vv 17-21 – Consejos prácticos (negativos) para evitar la tentación de amoldarse al mundo.

Nos referiremos a las dos primeras secciones con mayor énfasis, las cuales reflejan un contenido particular a nuestro tema de análisis, aunque, por supuesto, la tercera sección encuentra el objetivo por el cual el hijo de Dios en comunidad vive frente a Dios y al mundo la nueva vida en Cristo (contexto de la misión). Pablo toma la imagen del cuerpo para referirse a la iglesia en esta sección de Romanos como un aporte al argumento principal de esta sección que exhorta a cada uno de los cristianos en particular a vivir en conformidad a las bondades de Cristo expresadas en los capítulos anteriores.[6] En los primeros versículos se enfatiza que cada uno de los hijos de Dios debe presentar su "cuerpo" como ofrenda viva y agradable a Dios (v 1). Esta referencia a una vida dedicada a servir a Dios en todo tiempo y de toda forma encuentra su expresión comunitaria cuando cada creyente se entiende a sí mismo como parte de la comunión de la iglesia, formando "un cuerpo en Cristo" (v 5). De esta forma, la renovación de la mente propuesta en v 2 y el servicio que cada uno desarrolla según la medida de la fe en v 3 no quedan confinados a un espacio social o grupo humano limitado, sino que además se desafía a mantener la misma actitud humilde del v 3 ("piense de sí mismo con moderación") con aquellos que no pertenecen a Cristo y que en muchos casos se mostrarán hostiles y abiertamente enemigos de la fe y la iglesia. Una actitud humilde, sacrificial, dedicada e involucrada en la vida de otras personas reflejará claramente la identidad del hijo de Dios que frente a la sociedad se ofrece a sí mismo como una ofrenda agradable delante de Dios para testimonio del poder del evangelio (1:16).

La primera sección que identificamos enfatiza que cada hijo de Dios vive simultáneamente de cara a Dios y al mundo. Sin embargo, no se presenta esta realidad como divisiva o como una dualidad, sino como

---

6 Brian Daines analiza el uso de la analogía en las diferentes epístolas paulinas donde aparece. Él destaca que, aunque en la epístola a los Romanos no se usa el término "cuerpo de Cristo", la imagen se desarrolla en forma similar a como aparece en 1 Corintios 12. "Paul's Use of the Analogy of the Body of Christ" en *The Evangelical Quarterly*. (April-June 1978), 71-78.

una unidad. Toda la vida cristiana se desarrolla de esta manera, ya que es la buena voluntad de Dios que su iglesia esté presente y activa en medio de una sociedad que desafía su identidad con tentaciones constantes que la lleven a amoldarse incorporando patrones de pensamiento y conducta opuestos a la voluntad divina. Sin dudas, esta propuesta genera tensiones en el individuo, en la comunidad, y con la sociedad.[7] El primer indicio de esta unidad y tensión en la vida de la iglesia se manifiesta en cada creyente particular cuando se afirma que "su cuerpo" sea presentado como ofrenda viva. Esta expresión indica que toda la vida del hijo de Dios encuentra formas concretas por las cuales entiende y aprende a aplicar en su modo de conducirse la confianza de la fe que salva y su contenido en cada momento.[8] De esta forma, la vida cristiana se ofrece como un sacrificio vivo y agradable a Dios. El apóstol también aporta un contraste claro y evidente frente a la tentación de caer en un culto formal y externo, como lo hizo el pueblo de Israel y que los profetas denunciaron, así como el mismo Jesús ("Este pueblo de labios me honra; Mas su corazón está lejos de mí." Mateo 15:8; Isaías 29:13).[9]

El siguiente versículo es una exhortación a vivir como hijos del verdadero Dios en un mundo que gobierna otro "señor" (Gl 1:4 y 2 Co 4:4) que se opone al evangelio de Cristo y a quienes viven en su poder renovador. Martin Franzmann explica que es función de los hijos de Dios anticipar, en su actividad corporal, la vida del reino venidero, de tal forma que su vida cotidiana encarne ese futuro en el presente. La iglesia es comparada con la avanzada o puente que se adentra en territorio hostil.[10] Siguiendo con esta imagen del combate, se debe considerar que el campo de batalla se establece en el territorio que se busca conquistar, no en el propio. Pero esta presencia también implica un riesgo o desafío que es ceder ante la presión y el esfuerzo del enemigo por moldear no solo la conducta, sino a través de ella la mente y el corazón de los hijos de Dios. Por eso, el apóstol explica que frente a un moldeo que va desde la conducta exterior hasta afectar el corazón humano de parte del mundo, la nueva vida en Cristo ocurre haciendo un camino inverso. Cristo comienza desde el corazón, es

---

7 Sobre esta tensión constante en la vida del cristiano y por extensión en la comunidad, ambos insertados en la sociedad, reflexiona honestamente el apóstol en 7:7-25.

8 "La invitación a presentarse como un sacrificio vivo a Dios (12:1) y a discernir la voluntad de Dios (12:2) está supeditada a la actividad compasiva y al carácter de Dios. Tanto el fundamento como el objetivo de la nueva vida son fundamentalmente teocéntricos." En William Larkin y Joel Williams, eds. *Mission in the New Testament. An Evangelical Approach.* (Maryknoll: Orbis Books, 1998), 112.

9 George Stoeckhardt. *La Epístola de San Pablo a los Romanos.* (El Paso: Sínodo Evangélico Luterano de Wisconsin, 1993), 164.

10 Martin Franzmann. *Romans. A Commentary.* (Saint Louis: Concordia Publishing House, 1968), 217.

decir mente y alma, llevando al creyente hacia la adopción y práctica de conductas –concretamente hábitos de vida– que reflejen la renovación y transformación (note la forma pasiva del verbo: μεταμορφοῦσθε) que obra el Espíritu Santo al conceder la fe (2 Co 3:18, Flp 2:12-13, 2 Ts 2:13-15). Sin dudas, se trata de una acción continua que el Espíritu Santo obra y prosigue en cada creyente por medio de la Palabra, sin la cual no es posible conocer y comprobar la buena voluntad de Dios.[11]

La siguiente sección progresa hacia una mirada comunitaria de la vida cristiana. Aquí el apóstol se preocupa por ofrecer equilibrio con respecto a las posibles dificultades que puedan surgir en la vida y la organización de la congregación en Roma con vistas a un edificante servicio al evangelio de Cristo.

A partir del versículo 3 se ofrece un llamado de atención sobre la necesidad de que cada miembro de la comunidad se considere a sí mismo relacionado y unido al otro. Esta consideración honesta de cada uno junto al otro llama a la unidad en la fe, sostenida en la gracia de Dios. El criterio según el cual cada uno debe verse en relación al otro ya no es según lo que establece el mundo, lo cual ya fue descartado en el versículo anterior, sino por el contrario, como fruto de la renovación de la mente que obra el Espíritu Santo por medio de la fe que cada uno recibe y que produce confianza, fidelidad, y esperanza en las promesas de Dios. Es la fe que se aferra al evangelio, la misma que incorpora al cuerpo de Cristo. Aquí reconocemos la tentación evidente del individualismo y la pretensión de vivir la fe aisladamente, motivada por el orgullo y la autosuficiencia, junto con un sentimiento de superioridad espiritual, despreciando a otros por su debilidad o con la acusación de hipocresía. Esta forma de pensar y juzgar no resulta en una vida ofrecida como ofrenda viva a Dios.

Luego de confirmar el fundamento comunitario de la vida cristiana como resultante de la fe que cada uno recibe, el apóstol Pablo sigue encajando cada pieza de su argumentación de tal forma que construye un programa de vida y acción misioneras para la congregación. En los versículos 4 y 5 introduce la imagen del cuerpo como analogía para afirmar

11 Stoeckhardt agrega: "Lo que Dios desea de nosotros nos lo ha revelado en su Palabra, en su ley. Pero la aplicación de la ley a sus relaciones concretas exige un examen concienzudo, mentes agudas y listas, una mente que se acostumbra a Dios y a las cosas divinas. El resultado de la constante renovación y prueba entonces es que el cristiano hace lo que reconoce como bueno y agradable a Dios y hace la voluntad de Dios. Una conducta que cumple las exigencias de la voluntad y el placer divino en todas las relaciones es la forma recta de la vida cristiana, mientras los hijos de este mundo son dominados por sus propias mentes y voluntades corruptas, por sus propios deseos e inclinaciones pecaminosos. Así la presentación del cuerpo y la vida de uno a Dios es el culto razonable a él, que consiste en hacer la buena, aceptable, y perfecta voluntad de Dios en todas las acciones del cuerpo y sus miembros, en todo lo que uno hace en la vida." *Op. Cit.*, 165.

la unidad de la iglesia por causa de Cristo que hace a todos partes del cuerpo, los une y también los destina a funcionar en el cuerpo de una manera determinada para servicio y sostén el uno del otro. El significado del término griego para cuerpo (*soma*) en el contexto de la descripción de la iglesia se refiere a la comunidad cristiana, es decir la iglesia como un cuerpo unificado. Asimismo, como cuerpo de Cristo, que él llena o vivifica con su Espíritu, y consecuentemente como cabeza de su cuerpo. [12]

El uso de esta imagen no es nuevo para Pablo, ya que anteriormente escribió a los Corintios con mayor extensión sobre la realidad y función del cuerpo, aunque en un contexto de mayor confrontación en relación al uso de los particulares dones espirituales que se manifestaban en aquella iglesia, pervirtiendo el propósito de servicio hacia una exaltación personal y causando divisiones entre ellos (1 Co 1:12-14). [13] La imagen del cuerpo (*soma*) tiene un significado específico en Pablo que ya no se refiere a un individuo, sino a un grupo con identidad que define su pertenencia. [14] Pablo introduce la figura del cuerpo para expresar la naturaleza esencial de la iglesia cristiana. [15] Además, vale enfatizar que no solo es una imagen que refiere a algo más, sino que Pablo habla de la iglesia como cuerpo de Cristo para manifestar e imprimir una identidad particular en los creyentes. Pertenecer a Cristo es ser uno con él, pero también permanecer unidos en la iglesia. [16] Tres características de la iglesia como "un cuerpo en Cristo" se destacan en los versículos 4 y 5: [17]

---

12 Las referencias bíblicas en las que encontramos el uso de cuerpo (de Cristo) como imagen de la iglesia son: Romanos 12:5; 1 Corintios 10:17; 12:13, 27; Efesios 1:23; 2:16; 4:12, 16; 5:23, 30, Colosenses 1:18, 24; 2:19; 3:15. El uso del término para referirse al cuerpo físico de Cristo, resucitado, o en relación a la Santa Cena no son considerados aquí. Arndt and Gingrich. *A Greek-English Lexicon of the New Testament and Other Early Christian Literature.* (Chicago: The University of Chicago Press, 1957), 807.

13 "Pablo es quien elabora y enfatiza la concepción de la iglesia como cuerpo de Cristo, y puede ser que haya sido el primero que usó la frase; pero la idea fundamental detrás del concepto viene de la enseñanza misma de Jesús sobre su obra como Mesías y su carácter de *Ben Adam.* Su misión fue reunir con él a Israel (Mt 23:37; Lc 13:34; Jn 11:52)." En Alan Richardson. *An Introduction to the Theology of the New Testament.* (New York: Harper & Row Publishers, 1958), 255.

14 "Para Pablo, la iglesia es 'el cuerpo *de* Cristo'. Es decir, no es simplemente un cuerpo de personas que comparten un espacio e interés. Ni es la frase 'de Cristo' simplemente una forma de identificación. Pablo emplea aquí un genitivo posesivo. El cuerpo es posesión de Cristo. Los miembros no crean el cuerpo. Por el contrario, son incorporados (verbo pasivo) por el bautismo en Cristo y en su cuerpo para estar bajo el señorío de Cristo". Arland Hultgren. "The Church as the Body of Christ: Engaging an Image in the New Testament". *Word and World.* Vol 22, n 2. Spring 2002. Saint Paul: Luther Seminary, 126.

15 Colin Brown. *Dicionário Internacional de Teologia do Novo Testamento.* Volumen II. (São Paulo: Vida Nova, 2000), 443.

16 "Para Pablo el cuerpo de Cristo no es una figura o comparación, sino una realidad indiscutible; y en ese cuerpo nosotros los cristianos somos ubicados como miembros. Por medio de la fe pertenecemos a Cristo; en el bautismo hemos sido incorporados a Cristo y unidos a él (6:5), y somos por lo tanto miembros verdaderos de su cuerpo." En Anders Nygren. *Commentary on Romans.* (Philadelphia: Fortress Press, 1975), 422.

17 Hendriksen también observa estos tres énfasis en las vv 4 y 5. *Op. Cit.,* 451.

Cada una de las características reconocidas en el cuerpo de Cristo afirma el lugar de cada miembro en particular, de acuerdo a sus particularidades y necesidades. Así, en consideración a la unidad del cuerpo, todos los miembros son igualmente parte del cuerpo, sin ningún tipo de restricción o posibilidad de considerarse más o menos que el resto. En este caso, la posibilidad de pertenecer al cuerpo no depende de las particularidades de cada individuo (comp 1 Co 1:26-31). Luego de establecer el motivo de la unidad, prosigue a reconocer la diversidad que también es visible en este cuerpo unido. Esta segunda característica no contradice, sino que la complementa sosteniendo que es necesaria por causa del cuerpo mismo, así como de la actividad que desarrolla. La diversidad observada en cada miembro del cuerpo recuerda que tiene el propósito de cumplir diferentes funciones, cada una en beneficio del resto. Esta diversidad no solo es reconocible, también es necesaria.

Finalmente, el apóstol desafía a sus oyentes cuando establece que estar unido a Cristo significa estar unidos unos con otros, y por lo tanto relacionados, en tanto que unos necesitan de otros por igual. Así, todos son necesarios y tienen la posibilidad de servir con su ayuda para el bienestar y la edificación del cuerpo al cual pertenecen. Esta edificación solo será posible cuando estas tres características sean reconocidas y ejercitadas sanamente, pero fundamentalmente nutridas por el evangelio de Cristo, con el cual el Espíritu Santo mismo renueva y preserva a los miembros del cuerpo.

Luego de relacionar la vida comunitaria de los creyentes con la realidad del cuerpo que Cristo mismo convoca y forma, queda avanzar hacia las consecuencias prácticas que siguen de la unidad, diversidad, e interrelación de los muchos miembros en el cuerpo y como cuerpo en relación con otros.

La enumeración de dones y su respectiva función o forma en que debe ponerlos en acción revela la intención del apóstol de movilizar a la congregación cristiana por la integración de cada una de las partes en una acción tan armoniosa y conjunta como sea posible. Por eso, insiste primero en la actitud que debe gobernar a las personas que ejercen sus dones, ya que la unidad (todos pertenecen a Cristo) reconoce la diversidad, pero al mismo tiempo la diversidad estimula unidad e interdependencia entre los miembros que, por estar unidos a Cristo, también lo están unos con otros en una relación de igualdad bajo la autoridad de la misma Palabra de Dios.[18] Este énfasis sobre la actitud que acompaña al ejercicio de los dones ya aparece en 1 Corintios 13:1-3 "Si hablo en lenguas... tengo el don de profecía... reparto entre los pobres lo que poseo... pero no tengo amor, no soy nada... nada gano con eso." En cuanto a la cantidad de dones mencionada reconocemos que la lista de los mismos no debe considerarse exhaustiva, sino descriptiva. Esto significa que los dones mencionados aquí no son todos, como lo demuestran otras enumeraciones en el Nuevo Testamento. Sin embargo, sí reconocemos que toda comunidad cristiana encontrará de una forma u otra que los dones aquí mencionados se manifiestan en su vivencia de la fe, además de su inevitable necesidad. Para nuestro estudio particular, consideramos que cada don mencionado aporta a la formación de una identidad comunitaria en sintonía con el propósito divino que la iglesia, como cuerpo de Cristo, encarne la misión de Dios.[19] A continuación ofrecemos un resumen de los dones mencionados en este pasaje:

---

18 Por ejemplo, Martín Lutero observa e interpreta la división "clero-laicos" de la iglesia medieval a la luz de los pasajes referentes al cuerpo de Cristo, concluyendo: "De ello resulta que los laicos, sacerdotes, los príncipes, los obispos y, como dicen, los "eclesiásticos" y los "seculares" en el fondo solo se distinguen por la función u obra y no por el estado, puesto que todos son de estado eclesiástico, verdaderos sacerdotes, obispos y papas, pero no todos hacen la misma obra... esto lo dicen San Pablo y Pedro, como manifesté anteriormente, que todos somos un cuerpo cuya cabeza es Jesucristo, y cada uno es miembro del otro". Martin Lutero. "A la Nobleza Cristiana de la Nación Alemana" en *Obras de Martin Lutero*. Vol. I. (Buenos Aires: Editorial La Aurora, 1967), 76.

19 "La Iglesia es el instrumento de la acción de Cristo en el mundo; ella es sus manos, pies, su boca y voz. Como en su vida encarnada, Cristo tenía un cuerpo para proclamar su evangelio y hacer su obra, así en su vida resucitada aun necesita un cuerpo que sea instrumento de su evangelio y de su obra en el mundo". En Alan Richardson. *An Introduction to the Theology of the New Testament*. (New York: Harper & Row Publishers, 1958), 256.

DON	FUNCIÓN	OTRAS REFERENCIAS	MISIÓN DE DIOS
Profecía (προφητείαν)	Anunciar la palabra de Dios con el propósito de edificar a los creyentes y llamar a la fe a los incrédulos.	1 Co 14:3-4, 24-25, 31; Ef 4:11; Hch 2:42, 13:1	La palabra de Dios es el medio por el cual el Espíritu Santo obra en la iglesia para preservarla y darle crecimiento.
Servicio (διακονίαν)	Responder a las necesidades más simples y concretas de los hermanos.	Hch 2:45-46 1 Co 12:5; Ef 4:12	La iglesia manifiesta su carácter evangélico en el amor genuino y cuidado de los más necesitados.
Enseñanza (διδάσκων)	Explicar a otros el contenido de la fe cristiana y proveer una lectura cristológica del AT.	Hch 2:42, 11:26, 13:1; 1 Co 12:28; Ef 4:11; Stg 3:1	La iglesia lee y aplica toda la palabra de Dios, entendiendo que Cristo es su centro y toda la revelación tiene el propósito de llevar a la fe en él.
Exhortación (consolación) (παρακαλῶν)	Aplicar la enseñanza bíblica a las circunstancias particulares de la vida, de modo que cada uno sea animado y consolado en la fe.	1 Co 14: 31; Hch 15:32; 1 Ts 3:2	La iglesia predica, ayuda, y enseña con el propósito de permanecer en la Palabra y fe que Cristo les concede.
Compartir (μεταδιδοὺς)	Manifestar, de acuerdo a las posibilidades personales, la generosidad material con los necesitados, con el único propósito de aliviar al hermano.	Ef 4:28; 1 Ts 2:8	La iglesia refleja el don bendito de la salvación recibido por Cristo, compartiendo materialmente lo que ha recibido por gracia de Dios.
Dirigir (προϊστάμενος)	Cuidar, preocuparse por y ayudar a otros a vivir de acuerdo a la voluntad de Dios.	1 Ts 5:12; 1 Ti 3:4, 12-13	En la iglesia de Cristo se manifiesta el cuidado mutuo a través de personas que reflejan humildad y firmeza para guiar y llevar el evangelio a otros.
Mostrar misericordia (ἐλεῶν)	Actuar frente a otros en concordancia con la misericordia recibida gratuitamente.	Gl 6:2 Stg 3:17	La iglesia de Cristo es fruto de la misericordia divina, por lo tanto, también hace de la misericordia una señal evidente por la cual la sociedad puede conocer que pertenece a Cristo.

Los versículos que siguen a esta sección enfatizan que el amor cristiano debe permear toda relación entre los mismos hermanos de la comunidad (vv 9-13), sin el cual ningún don podría llevar el fruto debido (comp 1 Co 13). Además, ese mismo amor ejercitado en la comunidad a través de dones particulares encontrará en la sociedad otro espacio de manifestación compasiva en humildad y servicio (14-16), luchando contra los criterios mundanos que pueden desdibujar la presencia de la iglesia con el evangelio en el mundo (17-21).[20] El capítulo 12 de la carta a los Romanos anima a cada cristiano a vivir bajo la gracia de Dios, con alegría y decisión, por causa de la fe recibida en forma comprometida en todo lugar.

Implicancias del concepto "cuerpo de Cristo" para la misión de la iglesia

Hemos presentado, a partir de Romanos 12, que el apóstol Pablo da un lugar central al concepto "cuerpo de Cristo" en su teología aplicada a la vida de la iglesia y a la misión.[21] Además, mencionamos que el uso de esta imagen fue expuesta inicialmente por el apóstol en 1 Corintios 12, dentro del contexto de una discusión sobre los dones espirituales, el valor de cada uno en la edificación de la comunidad, su función al servicio de Cristo y la actitud que debe guiar al que los ejercita.[22]

Otras menciones de esta imagen aparecen en Colosenses donde Cristo es exaltado como cabeza, no solo de la iglesia, sino también de todo el universo (1:15-18). En este pasaje se enfatiza sobre todo la autoridad de Cristo y la unión inseparable que establece por esta autoridad con la iglesia. Esta autoridad y unidad con la iglesia como su cuerpo fue anunciada por el mismo Jesús después de su resurrección dentro del contexto del envío misionero de Mateo 28:18-20: "Toda autoridad me es dada" (cabeza)... estaré con ustedes siempre" (cuerpo). Nuevamente presenta la imagen de la cabeza y el cuerpo dentro del contexto de rechazo de los que pervierten la redención de Cristo queriendo imponer nuevas reglas y prácticas por

---

[20] "Después de haber presentado los rasgos sobresalientes del amor fraternal, el apóstol todavía habla del amor universal, que los cristianos deben a todos los hombres, también a los que están afuera. Ya que no tienen nada bueno que esperar de los que no son cristianos, que son hostiles a Dios y a Cristo, sino solamente el mal, pone al final esta amonestación." Stoeckhardt. *Op.Cit.*, 172.

[21] "¿Qué quiere decir Pablo cuando habla del cuerpo de Cristo? Primero, el genitivo "de Cristo" no es de identidad, sino de posesión y autoridad, no el cuerpo que es Cristo, del cual consiste Cristo, sino, el cuerpo que pertenece a Cristo, sobre el cual él reina. Segundo, "cuerpo" no tiene artículo definido... es quizás mejor entendido como caracterizando a la iglesia. Somos de la naturaleza del cuerpo, somos cuerpo en relación a Cristo, ofrecemos presencia corporal a Cristo. Lo que cada uno de nosotros hace dentro de la vida del todo, pues somos el cuerpo que da a Cristo un rostro al mundo; su voz, sus manos y pies." En David Williams. *Paul´s Metaphors. Their Context and Character.* (Peabody, MA: Hendrickson Publishers, 1999), 90.

[22] "En este sentido deben interpretarse todos los pasajes que parecen ponderar las obras y establecer diferencias entre ellas. Así lo hace Pablo (1 Corintios 12): describe la 'diversidad de gracias, dones y operaciones', pero siempre agrega que hay un solo Dios, un Señor, un Espíritu. Y también Pedro habla de la 'multiforme gracia de Dios', pero como de 'dones que cada uno debe administrar a los otros'. Análogamente, en Romanos 12 y 1 Corintios 12 se habla de *un* cuerpo, pero muchos miembros con diversas funciones en la una y saludable misma fe". Martín Lutero. "Juicio sobre los Votos Monásticos". En *Obras de Martín Lutero*. Vol. III. (Buenos Aires: Editorial La Aurora, 1974), 198.

las cuales alcanzar la gracia divina (2:16-19). El apóstol destaca que quienes caen en tales creencias solo pueden hacerlo porque no están unidos a Cristo, es decir no se encuentran bajo su señorío (v 19a). Por otro lado, los que verdaderamente pertenecen a Cristo son preservados en unidad con él y por lo tanto en la comunidad sin divisiones. La conclusión necesaria es que unido a su cabeza el cuerpo vive y esta vida se manifiesta en un crecimiento visible que Dios mismo concede y determina (v 19b) de acuerdo a su buena voluntad, pero siempre unido Cristo como cabeza.[23] Ya en el capítulo 3:15 se enfatiza que la unidad con Cristo implica unidad en el cuerpo de la iglesia, a la cual cada creyente en particular ha sido llamado para vivir en la paz que Cristo consiguió por su sacrificio en la cruz y donó para todos (2:13-14).[24]

La imagen también aparece en el libro de Efesios específicamente en relación a la iglesia, su unidad y diversidad, existencia y edificación. Cada mención de la iglesia como cuerpo de Cristo es una indicación de que la iglesia asume el rol que Dios mismo le ha dado, ya que Jesús es Señor de toda la creación. Su señorío sobre la iglesia y el universo conecta la declaración del señorío de Cristo sobre toda criatura como la responsabilidad de la comunidad de creyentes.[25] Así, queda definido desde el principio el alcance universal de la misión de la iglesia. Por lo tanto, la iglesia no busca enseñorearse o dominar sobre el mundo, sino que es formada e instruida para una obra de servicio con alcance universal.

La siguiente mención de la iglesia como cuerpo de Cristo (2:16) la relaciona directamente con el cuerpo mismo de Cristo entregado como sacrificio en la cruz para derribar el muro de separación y lograr la reconciliación.[26] No es casualidad que se relacione la obra de Cristo con la existencia de la iglesia, ambas unidos por el término cuerpo. En la iglesia, cuerpo de Cristo, se vive y disfruta la redención lograda en la cruz. La forma en que Cristo, por la acción del Espíritu Santo, construye la nueva

23 "La imagen de Pablo de la iglesia como cuerpo de Cristo ahora sirve como definición del señorío cósmico de Cristo. En la lucha de la comunidad por ser fiel al amor de Dios puede verse la naturaleza final de la relación de Dios con el mundo, su 'señorío'. Esta función ilustrativa de la iglesia será ampliada en Efesios cuando se defina la reconciliación de judíos y gentiles en una iglesia como un ejemplo de lo que puede hacer el señorío de Cristo en el mundo." En Senior, Donald y Carroll Stuhlmueller. *The Biblical Foundations for Mission.* (Maryknoll: Orbis Books, 1983), 197.

24 "Se señala que la paz debe instalarse en los corazones de los miembros de la comunidad, es decir, en su sentir, pensar y querer, y que debe reinar en ellos, estableciendo prioridades, a fin de que lo que es realidad en Cristo lo sea también en la vida concreta de la comunidad." En Eduard Schweizer. *La Carta a los Colosenses.* (Salamanca: Ediciones Sígueme, 1987), 178.

25 Senior, Donald y Carroll Stuhlmueller. *Op.Cit.*, 202.

26 "El 'cuerpo' de la cruz (2:16) reconcilia a los dos, quienes ahora son el 'mismo cuerpo' (*sunsoma* 3:6). El neologismo busca enfatizar una unidad orgánica que de hecho es social". En Peter Bolt & Mark Thompson. *The Gospel to the Nations. Perspectives on Paul's Mission.* (Downers Grove: Intervarsity Press, 2000), 299.

comunidad implica la superación de toda división racial, social, económica, etc. En este sentido, la identidad de la iglesia como cuerpo también constituye un anticipo para la iglesia misma y el mundo del propósito divino (ver 3:6). La propia experiencia de reconciliación representa para la iglesia un impulso misionero concreto. Ella solo puede comunicar y compartir lo que ya conoce y posee.[27]

En el capítulo 4 encontramos dos referencias a la iglesia como cuerpo de Cristo. En 4:4 se afirma la unidad del cuerpo. En 4:16 se relaciona (de la misma forma que en Colosenses 2:19) el crecimiento de la iglesia con la unión con Cristo, su cabeza. Se define que el cuerpo crece unido a Cristo, de tal forma que tal unidad se refleja en el trabajo mancomunado de cada uno de sus miembros. La edificación del cuerpo no indica que el uso y la aplicación de los dones ante mencionados (v 11) se enfoquen únicamente en satisfacer las necesidades de la iglesia. El énfasis en la edificación (*oikodome*) apunta a que la iglesia logre ser una expresión inconfundible y concreta de la misión universal de Cristo.[28]

Finalmente, llegamos a considerar el texto que en mayor detalle elabora sobre la imagen de la iglesia como cuerpo de Cristo. En 1 Corintios 12:12-31 el apóstol Pablo habla sobre la realidad del cuerpo en relación a los dones espirituales. El énfasis de esta sección es afirmar una vez más que la realidad de la iglesia como cuerpo contempla tanto la unidad como la diversidad.[29] Ambas se sostienen, nutren y potencian constantemente. Por eso, los dones espirituales no pueden entenderse sanamente si antes no se comprende que son dados para la edificación del cuerpo con un propósito claro dentro del marco de la misión de Dios. Al mismo tiempo, se establece una acción recíproca o de doble vía, ya que en el cuerpo todo sirve y sostiene a cada uno de sus miembros, en lo cual también se afirma la multiplicidad de dones y la necesaria actitud de servicio humilde.[30] Por lo tanto, toda desviación de este propósito corresponde a la naturaleza

27 Senior, Donald y Carroll Stuhlmueller. *Op.Cit.*, 204.

28 Senior, Donald y Carroll Stuhlmueller. *Op.Cit.*, 205.

29 "Al interiorizarnos con el argumento del apóstol, hay que tener en claro que en un sentido la iglesia, como cuerpo de Cristo es algo más que una imagen, concepto, metáfora o símbolo; la iglesia es en verdad el cuerpo de Cristo. Cristo está en la iglesia y la iglesia tiene su existencia y su vida en él. Así como el pan de la Eucaristía es mucho más que un símbolo del cuerpo de Cristo, así también lo es la iglesia." En Rodolfo Blank. *Primera Carta a los Corintios*. (Saint Louis: Editorial Concordia, 2010), 469.

30 Sobre esto Arland Hultgren ofrece una crítica a tener en cuenta cuando dice: "el énfasis de Romanos 12 (que los miembros del cuerpo deben cuidar del cuerpo) se escucha frecuentemente en las iglesias, pero con respecto a 1 Corintios 12 (que el cuerpo debe cuidar de sus miembros) no tanto. Cuando este es el caso, solo se considera un lado de la imagen del cuerpo de Cristo". En "The Church as the Body of Christ: Engaging an Image in the New Testament". *Word and World*. Volumen 22, número 2. Spring 2002. (Saint Paul: Luther Seminary), 131.

carnal y quiebra la unidad del cuerpo, pues desprecia la obra de Cristo. Esta sección también enfatiza que la incorporación y unidad del cuerpo se sostiene en los dones que Cristo comparte con "los muchos" que forman ese cuerpo.[31] El v 13 afirma que el bautismo es un bien común que todos recibieron (más allá de su procedencia, como también se afirma en Efesios 2:14) y por eso define objetivamente la unidad con Cristo.[32] Por lo tanto, la unidad del cuerpo no corresponde a una intención de los individuos que en forma voluntaria acuerdan unirse, sino que es Cristo mismo dando en el agua del bautismo el Espíritu Santo quien constituye la unidad de todos, siendo él mismo su centro.[33] Jesús da vida a la iglesia cuando la rescata de la condenación entregándole el perdón de los pecados. Nuevamente, este bien común sostiene la unidad y estimula la diversidad, no solo de personas (según su propia historia), sino más aun y ahora incorporados en el cuerpo de Cristo, de dones puestos al servicio de quien los entrega y por lo tanto de todos los que comparten la identidad como hijos de Dios. En el caso de los Corintios el énfasis desmedido en el don de lenguas ponía en peligro la unidad, despreciaba la diversidad natural y necesaria en la congregación (12:31 y 14:1), pero además desviaba del propósito de cada comunidad que es la proclamación del evangelio a la sociedad (1 Corintios 14:24-25). Así, el anuncio del evangelio es una tarea entregada a la iglesia en su totalidad (como cuerpo), sin embargo, la situación de cada uno y sus propios dones le permitirán encontrar la forma en que pueda concretarla.[34]

A modo de conclusión, podemos afirmar que la imagen del cuerpo de Cristo en las cartas de apóstol Pablo conserva una línea clara de interés y propósito misionero que cada comunidad en su situación particular

---

31 "Para Pablo esta unidad tiene primeramente un carácter histórico-redentor en la iglesia (así como se expresó con las fórmulas 'en Cristo' y 'con Cristo'), dado que la iglesia ('los muchos') ha sido incluida en Cristo y abarcada por él, y es esta solidaridad 'objetiva' lo que hace de la iglesia *el cuerpo de Cristo*." En Hermann Ridderbos. *El Pensamiento del Apóstol Pablo*. Vol. II. Buenos Aires: Ediciones la Aurora, 1987), 57.

32 Podemos notar aquí una relación evidente con la epístola a los Romanos donde se conecta la pertenencia a Cristo por medio del bautismo (6:3-4), con la nueva identidad y vida que Cristo moldea por medio de la vivencia cotidiana de morir al pecado y resucitar por el perdón de los pecados para que, libre de toda condenación, cada cristiano le sirva (capítulo 12). Sobre este fundamento objetivo que ofrece la experiencia bautismal, Lutero constituye su explicación del sacramento en sus Catecismos Mayor y Menor.

33 "Dios puso los diferentes miembros juntos en un solo cuerpo humano para servicio mutuo; y también es Dios, el buen creador, quien da a cada miembro de la congregación dones diversos para emplearlos al servicio de los demás y acrecentar el reino de Dios… No le toca al creyente determinar cuál será su carisma, sino a Dios que obra según su soberanía y sabiduría... El buen funcionamiento del cuerpo requiere diversidad y disciplina." En Rodolfo Blank. *Op.Cit.*, 472.

34 Robert Plummer. "Imitation of Paul and the Church's Missionary Role in 1 Corinthians." *Journal of the Evangelical Theological Society* 44/2 (June 2001), 235.

necesita encarnar al vivir en el poder del evangelio y compartirlo como parte de su envío a la sociedad. Tanto en Romanos, 1 Corintios, Colosenses como en Efesios comprendemos que la iglesia, como cuerpo de Cristo es una realidad universal y particular (comunidades locales) en el mundo.[35] La obra redentora y las bendiciones que Cristo concede a su iglesia la identifican con la misión y el envío de Dios. La voluntad salvífica de Dios trino direcciona una continuidad necesaria en la vida de la iglesia y a través de ella revela su presencia en el mundo.

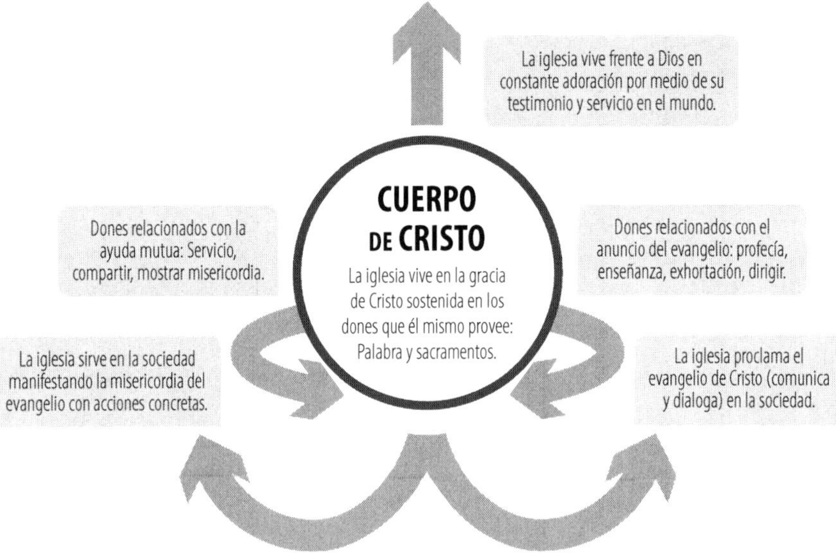

La iglesia es el cuerpo de Cristo al servicio del evangelio.

Principios teológicos

La vida cristiana resulta de la obra misma de Dios que envía y entrega a su propio Hijo Jesucristo como sacrificio y rescate para perdón de pecados y libertad de su pueblo santo.

La obra de Dios en la vida de cada uno de sus hijos lo ubica frente al Dios que salva en una actitud de servicio agradecido.

La obra de Dios en la vida de cada uno de sus hijos los une espiritualmente y socialmente en comunidades que trascienden los criterios humanos para reflejar la nueva vida que Cristo concede a cada uno.

---

35 En Hermann Ridderbos. *El Pensamiento del Apóstol Pablo.* Vol. II. Buenos Aires: Ediciones la Aurora, 1987), 72.

La unidad espiritual de cada uno de los bautizados en Cristo también se revela en la interacción, interdependencia, y diversidad que caracterizan a cada comunidad cristiana.

El fundamento de la iglesia como cuerpo de Cristo lo constituye la palabra de Dios (Evangelio-medios de gracia) por la cual opera el Espíritu Santo en cada miembro del mismo. Solo por la gracia y la fe dadas por el Espíritu Santo se edifica la iglesia frente a Dios.

Los dones espirituales no son el fundamento para la edificación del cuerpo de Cristo, sino que resultan de la acción del Espíritu Santo en los medios de gracia, para responder a las necesidades particulares (funciones) de la comunidad y más allá de ella misma como parte de la misión a la que Dios la llama (missio Dei).

Principios de acción

Cada hijo de Dios, perdonado por Cristo, es incorporado en el cuerpo de Cristo, con el propósito de servir a Dios, sus hermanos y prójimo como fruto de su fe y para testimonio del evangelio en la sociedad.

La iglesia cristiana como cuerpo de Cristo es una comunidad humana en la que cada integrante no solo posee dones espirituales particulares, sino que los pone a disposición del resto para edificación del cuerpo en cuanto a sus necesidades particulares.

Los dones espirituales resultan en la edificación de la comunidad cristiana y desde ella trascienden como manifestación del fruto del evangelio en amor hacia la sociedad.

La acción misionera de cada congregación cristiana compromete a cada uno de sus miembros bajo un mismo propósito, sin embargo, la forma en que cada uno asuma tal compromiso corresponderá a sus propios dones.

El ejercicio de los dones se desarrolla dentro del marco de encarnar y hacer presente el mensaje del evangelio como poder de Dios para salvación. Por lo tanto, cada uno y todos los dones se relacionan con los medios de gracia y solo por eso su ejercicio puede ser considerado como edificación de la iglesia.

Preguntas de reflexión

Consideren la imagen del cuerpo de Cristo como forma de encarnar el llamado misionero de la iglesia: ¿Cómo se ve reflejada en nuestra vivencia comunitaria?

Identifiquen y repasen las tres características de la iglesia como cuerpo de Cristo: ¿Cuál de ellas se manifiesta con mayor claridad en nuestra congregación? ¿Cuál observamos que necesita mayor énfasis entre nosotros?

¿Cuál ha de ser la actitud que debe acompañar al ejercicio de cada don espiritual? ¿Cuál es el fundamento para reconocer que el ejercicio de cada don espiritual también demanda compromiso y responsabilidad?

Relacionen la imagen del "cuerpo de Cristo" con la misión de Dios y la instrumentalidad de la iglesia en la proclamación del evangelio.

Relean los textos centrales estudiados en este capítulo: Romanos 12:3-8; 1 Corintios 12:13-27; Efesios 1:23; 2:16; 4:12, 16; 5:23, 30; Colosenses 1:18, 24; 2:19; 3:15. ¿Cuáles son las características fundamentales de la iglesia que encarna en su vivencia la misión de Dios?

Reflexionen sobre cuáles son los riesgos y tentaciones que pueden surgir en la vida de la iglesia si no se comprende claramente el fruto de la obra redentora de Cristo para cada creyente individual.

¿Cuáles son los principales desafíos que enfrenta la iglesia de Cristo en la actualidad para amoldarse a los criterios que se imponen como un estilo de vida y se oponen a la buena voluntad de Dios?

Efesios
Dimensión universal de la misión

La carta a los Efesios es una rica exposición de teología misional orientada desde el plan eterno de Dios hacia la vida cotidiana de cada hijo de Dios como parte de la nueva comunidad llamada iglesia. Particularmente, la carta a los Efesios no presenta una confrontación con problemas específicos que enfrentan los cristianos en su congregación, sino que nos concede una reflexión positiva sobre los fundamentos teológicos que sostienen el propio servicio apostólico del apóstol Pablo y asimismo el que les corresponde a las nuevas comunidades integradas por judíos y gentiles que ahora, con toda certeza, pueden verse a sí mismos como el verdadero pueblo elegido de Dios.[36]

Efesios 1 expone una exaltación y bendición de Dios por la manifestación de su buena voluntad hacia la humanidad por medio de Cristo. Una rápida lectura del mismo deja claridad sobre el enfoque trinitario, cristológico, y eclesiológico que el mismo ofrece. El apóstol Pablo entreteje en estos versículos el origen, la forma, y los instrumentos a través de los cuales el propósito redentor (*missio Dei*) se manifiesta en el mundo. Este capítulo 1 introduce el tema de toda la carta, estableciendo esta perspectiva universal de la obra salvífica del Padre enviando al Hijo, quienes a su vez por la acción del Espíritu Santo sellan para la eternidad a la iglesia.[37]

Particularmente, el versículo 10 establece el modo en que la salvación irrumpió entre los seres humanos para sostenerse en el tiempo hasta el cumplimiento del propósito redentor.

Así tenemos que "en Cristo"[38] ocurre lo siguiente:
Se **administra** (*oikonomia*)
un **tiempo** válido y necesario (*kairos*)
en el cual se movilizan o **reúnen** (*anakefalaiosis*)
todas las cosas creadas (panta).

---

36 "Mientras que la iglesia es beneficiaria de la acción de Dios en Cristo, también recibe la tarea de ser la portadora del misterio. Esto implica una inversión concreta de tiempo y esfuerzo en la proclamación." Walter Wietzke. *Believers Incorporated. The Message of Ephesians for Evangelical Outreach.* (Minneapolis, Augsburg Publishing House, 1977), 62.

37 "Que el poder de Dios está disponible para su pueblo queda determinado en la afirmación que Dios ha dado a Cristo como cabeza sobre todas las cosas a la iglesia. El escritor no pone simplemente el reino y autoridad de Cristo sobre el cosmos en paralelo a su relación a la iglesia, sino que subordina la primera a la segunda. De esta forma, el lugar privilegiado de la iglesia en el propósito de Dios para el cosmos queda claro. Sin embargo, ese lugar de privilegio solo se debe a la relación de Cristo con su iglesia." Andrew Lincoln. *Ephesians.* Word Biblical Commentary. Volume 42. (Dallas: Word Books, 1990), 79.

38 "Cuando Pablo dice *en Cristo* enfatiza la relación entre el Hijo de Dios y la Iglesia… la frase denota la relación formada por Jesucristo entre Dios y su pueblo, en lugar de ser solo un vínculo entre Cristo y los individuos." Walter Wietzke. *Op.Cit.*, 65.

El plan redentor no solo contempla la sumatoria de individuos como parte de la iglesia, sino que establece un marco mayor de cumplimiento que implica la reunión final o concentración de todo lo que es, en la presencia de Cristo y bajo su autoridad por la eternidad.

Es inevitable identificar un paralelo con el texto conocido como la Gran Comisión de Mateo 28 y sus paralelos reconocidos:

	EFESIOS 1:10	MATEO 28:19-20
Movimiento	En el cual se movilizan o reúnen (*anakefalaiosis*) movimiento dinámico y corporativo (en Cristo y hacia Cristo)	Ir y discipular (por Cristo y con su autoridad)
Temporalidad	Un tiempo válido y necesario (*kairos*)	Todos los días hasta el fin del mundo (acción continua)
Forma de la acción	Se administra (*oikonomia*)	Predicar y enseñar a guardar
Agentes	La iglesia toda	Discípulos, apóstoles, iglesia
Objetivo - finalidad	Todas las cosas creadas (*panta*).	Todas las naciones (*panta ta etne*).

La voluntad de Dios revela un propósito que se cumple perfectamente en Cristo. La encarnación, pasión, y resurrección del Hijo de Dios son efectivamente la manifestación clara del propósito eterno en el mundo para redención de la humanidad. Así se revela el misterio de la redención a los ojos de toda humanidad, aunque no sin causar escándalo y rechazo. El propósito que se cumple en Cristo incluye a la iglesia que es el cuerpo de Cristo. La conexión es inescapable, así como las consecuencias que trae a la vida de la iglesia.[39]

Jesucristo es la plenitud de todas las cosas, por él fueron hechas (Juan 1) y asimismo redimidas en la esperanza de la resurrección de la muerte y certeza del juicio final. De esta forma, todo procede de él como fuente permanente de vida y hacia él converge finalmente toda acción que involucre el anuncio del evangelio.

En tal sentido, solo por causa de la manifestación del evangelio en el mundo, es que la iglesia encuentra exclusividad en el mundo (solo ella posee el evangelio) debido a la particularidad de vivir por aquello que comparte. Aquí la misión encuentra su dimensión real en la vida de las

---

39 "Es su cuerpo, la comunidad de creyentes como un todo orgánico, que pertenece a él y sobre el cual él reina. Es su plenitud, la comunidad que él llena supremamente con su presencia y reino dinámico… Cuerpo y plenitud como descripciones de la iglesia destacan los privilegios de esa relación y afirman la significancia de la iglesia. Pero al mismo tiempo claramente suponen una dependencia en la relación. La iglesia no es nada en sí misma. Es una comunidad especial solo porque Cristo es su cabeza y su presencia la llena." Andrew Lincoln. *Op. Cit.*, 80.

comunidades porque no se entiende como una actividad que desarrolla entre varias otras, sino como un estado o condición del ser de la iglesia.

Esta comprensión no procede de sí misma, como si tomara conciencia por su propia capacidad de esta identidad, sino solo por la acción de Cristo en su seno a través de la nutrición de los medios de gracia, establecidos, como forma y contenido de la presencia de Cristo entre los llamados a la fe. Por eso, hablar de la iglesia y su misión solo puede hacerse sanamente si logramos entender la relación vital y de dependencia que la iglesia obtiene en su comunión con Cristo.[40]

Así es que la lectura de Efesios nos permite comprender la centralidad y exclusividad de Cristo en la obra redentora (1:11 "el que hace" –*energountos*– todas las cosas). Solo él y solo por él es el cumplimiento de la promesa, y efectivamente logra con su muerte sacrificial el perdón de pecados. Toda intervención humana, esfuerzo personal o cooperación queda anulada por esta concentración absoluta de todo futuro y esperanza solo posible en él.

Dentro de este marco de salvación en Cristo es que se presenta ahora una nueva dimensión de vida para los que han sido redimidos. Comprender el lugar que le corresponde a la iglesia responde precisamente a la posibilidad de indagar en la Palabra revelada sobre la posición o actitud que ha de mostrar la misma iglesia en relación a la misión de Cristo.

El llamado a la fe incluye el llamado a la misión. La voluntad redentora de Dios establece el propósito que en Cristo la iglesia participe en la misión. Por eso, conectamos directamente a la misión (*missio Dei*) con la misión de la iglesia (*missio Ecclesiae*), que no son diferentes una de la otra, sino que la segunda se sostiene y nutre de la primera. Al mismo tiempo, la misión de la iglesia no es otra cosa que la actualización en tiempo y espacio del propósito eterno y la voluntad salvífica del Padre.

Oikonomia como manifestación concreta de la voluntad redentora del Padre

La aparición y el uso en varias secciones de la palabra *oikonomia* en el libro de Efesios nos lleva a considerar el significado que posee en este contexto particular y su valor o aporte al estudio de la misión y la teología que le da forma. El término deja en claro que Dios tiene un plan, un propósito y una intención en todo lo que hace, pero que particularmente se manifiesta para salvación a través de Cristo.

---

40 "La iglesia en estas cartas no es el objetivo final sino solo un medio y señal de la propia misión cósmica de Cristo para salvación." En Senior y Stuhlmueller. *The Biblical Foundations for Mission.* (Maryknoll: Orbis Books), 191.

Al hablar de la *oikonomia* divina, nos referimos al plan de salvación. Este plan de salvación revelado en Cristo es parte de la misión de Dios, es decir de la *missio Dei*. Ahora, establecido en tiempo y espacio se manifiesta en la acción apostólica de predicar el evangelio a los pueblos del mundo, judíos y gentiles. El plan o la disposición divina para la redención de la humanidad se manifiesta en forma de misterio (*mysterion*, 3:9).[41] Las buenas noticias del evangelio permanecen inaccesibles a la razón (al menos en su sentido salvífico) y solo son comprensibles por medio de la fe obrada por el Espíritu Santo.[42]

La acción del apóstol llamado a esta tarea es considerada por él mismo dentro del marco de la vida y misión de la iglesia, como lo afirma en 3:10: "Todo esto es para que ahora sea dada a conocer, por medio de la iglesia, la multiforme sabiduría de Dios a los principados y las autoridades en los lugares celestiales." De esta forma comprendemos que la vocación de la iglesia no es otra que dar a conocer la salvación que es en Cristo. Aparte de este llamado y envío, no hay sentido de existir, excepto bajo la forma de asociación humana, con el solo propósito de preservarse a sí misma en la comodidad de sus propios logros.[43]

Es en este movimiento que el apóstol lleva a los Efesios a tomar su lugar como iglesia local en el plan de Dios. La iglesia es instrumental y activa en "dar a conocer" el plan de Dios no solo a las naciones, sino a los poderes espirituales. El evangelio de salvación no es otra cosa que la irrupción de la gracia divina en un mundo marcado por el pecado, la condenación de la ley y el juicio final. Precisamente porque hay un plan revelado por Dios a través de Cristo a su iglesia, comprendemos que toda la historia humana queda marcada por la acción salvífica del Todopoderoso y por lo

---

41 "*Mysterion* ahora comunica la esencia de la revelación con Cristo como su centro. Pablo tiene en mente un hecho, no un método; un evento, no una razón críptica... No hay intención en su evangelismo de explotar el elemento de lo desconocido. En Cristo, los propósitos, la voluntad, y el corazón de Dios son visibles, conocibles, y palpables. Llegan de tal forma que lo podemos comprender en forma humana. No lo hace de forma privada o individualista. Está abierto a todos, pues fue dado a todos." Walter Wietzke. *Op. Cit.*, 60-61.

42 "En 1:10 *oikonomia* ciertamente se refiere al plan de salvación que Dios hace realidad por medio de Cristo, en el cumplimiento del tiempo." En Arndt, William and F. Wilbur Gingrich. *A Greek-English Lexicon of the New Testament and Other Early Christian Literature*. (Chicago: The University of Chicago Press (1957), 562.

43 En su crítica al movimiento de "iglecrecimiento", Samuel Escobar destaca el resultado distorsivo que provoca y lo compara con el verdadero sentido bíblico del ser iglesia: "Parte de la falencia de esta teología es haberse quedado con una versión extremadamente individualista de la salvación que se limita a la reconciliación con Dios sin profundizar en la recuperación de la verdadera humanidad a la cual esa reconciliación conduce, según la plenitud del propósito divino. Aquí estamos en el meollo de la cristología paulina en Efesios y Colosenses." En Samuel Escobar. D*e la Misión a la Teología*. (Buenos Aires: Ediciones Kairós, 1998), 36.

tanto nada de lo que ocurre escapa a este propósito, aunque a simple vista la conclusión pueda ser que nada tiene que ver. El contexto del capítulo 1 nos ayuda a entender que el término *oikonomia* significa que Dios tiene un "plan" el cual implica una mayordomía o administración por parte de su Hijo primeramente, para que consecuentemente quede en manos de la iglesia, su cuerpo.[44]

En cuanto al uso del término *oikonomia* como palabra clave para ayudarnos en una lectura e interpretación misional de la carta a los Efesios, Timothy Van Aarde debate sobre los diferentes significados de *oikonomia* de acuerdo al contexto en que el apóstol Pablo lo usa. Van Aarde destaca que esa palabra trasciende el significado que comúnmente se le atribuye en el capítulo 3 refiriéndose no solo al oficio de apóstol dado a Pablo para administrar los misterios de Dios, sino que también se hace parte esencial de la existencia y vida de la iglesia.[45]

Queda claro que la iglesia como comunidad de fe es mucho más que una sumatoria de personas, sino que es pueblo, una entidad viva con identidad y propósito definido por Dios mismo, a quien reconocer como su Señor.[46] Van Aarde destaca que en 3:10 la forma del verbo griego es pasiva (dar a conocer - γνωρισθῇ), con lo que podemos comprender que es Dios mismo quien revela (sea dado a conocer) el evangelio a las naciones por medio de la iglesia.[47]

Así podemos establecer una ampliación progresiva de significado que se expande en la medida que Pablo va elaborando la carta y explicando la forma que Dios propone y en la que pone en marcha el plan de redención:

Efesios 1:10 – plan de Dios en Cristo (εἰς οἰκονομίαν ... ἐν τῷ Χριστῷ)

---

44 "Efesios 1:10 afirma este entendimiento de *oikonomia* como 'plan' en 1 Timoteo 1:4. La tesis de Efesios 1:3-14 es que toda la historia (abarcando todo el tiempo y tocando toda la creación) es resultado de la *oikonomia* de Dios: el plan de Dios y su cuidadosa administración. Dios está logrando su propósito en tanto que un año sigue al otro, con Cristo como su agente y nuestra redención como su objetivo." David Williams. *Paul's Metaphors. Their Context and Character.* (Peabody: Hendrickson Publishers, 1999), 99.

45 "La misión apostólica ha sido entregada a la iglesia en su totalidad, y Pablo entiende la misión como una tarea eclesiástica... el ministerio que Pablo recibió del Señor Jesús, de dar testimonio de las buenas noticias de la gracia de Dios (Hechos 20:24) es entregado por él a los ancianos de Éfeso (Hechos 20:30-35)." Timothy Van Aarde. "The Relation of God's Mission and the Mission of the Church in Ephesians", en *Missionalia* 44-3. http://dx.doi.org/10.7832/44-2-117, 288.

46 "La idea del Nuevo Testamento de la iglesia como *ekklesia*, la comunidad de los llamados, procede de la realidad mayor del pueblo de Dios que tiene su origen en el Antiguo Testamento (Éxodo 19:5-6; Oseas 1:10; 2:23; Romanos 9:25-26; 1 Pedro 2:9). La naturaleza instrumental de la iglesia es clara en las enseñanzas de Pablo. La iglesia es instrumento de la gloria de Dios (Efesios 3:21) y el medio para el propósito redentor de Dios (Efesios 3:9-11)." Francis DuBose. *God Who Sends. A Fresh Quest for Biblical Mission.* (Nashville: Broadman Press, 1983), 106.

47 Timothy Van Aarde. "The Use of οἰκονομία for Missions in Ephesians", *Verbum et Ecclesia* 37 (1), a1489. http://dx.doi.org/10.4102/ve.v37i1.1489, 10.

Efesios 3:2 – oficio apostólico hacia los gentiles (οἰκονομίαν τῆς χάριτος τοῦ θεοῦ)

Efesios 3:9-10 – proclamación del evangelio a través de la iglesia (οἰκονομία τοῦ μυστηρίου ... διὰ τῆς ἐκκλησίας)

No podemos dejar de considerar el acento misional que el término *oikonomia* trae al texto bíblico. La tarea de administrar los misterios de Dios o la multiforme sabiduría de Dios (comp 1 P 4:10) implica una acción misionera en la cual el evangelio, como mensaje a compartir, es en definitiva el centro de toda actividad. Al mismo tiempo, destacamos el hecho que la multiforme sabiduría (y gracia) de Dios implica un movimiento comunitario y extensivo motivado en el poder del evangelio. Esta dimensión de la misión no puede ignorarse.[48]

Tal consideración no es menor y nos permite relacionar sanamente todo el quehacer de la iglesia según los diferentes oficios que puedan integrarse bajo múltiples servicios de acuerdo a los dones particulares presentes. Este marco de acción define lo que corresponde a cada uno y nos ayudará a derivar principios de trabajo para aplicar en la comprensión del llamado, la actividad, y los límites que la iglesia debe reconocer como instrumento en la misión de Dios.[49]

Principios teológicos

Podemos derivar los siguientes principios teológicos fundamentales de los pasajes tratados en la carta a los Efesios:

El plan redentor de Dios se revela plenamente al mundo en la encarnación y sacrificio de su Hijo Jesucristo en la cruz del Calvario.

La obra de Cristo no finaliza con su muerte y resurrección, sino que es presente y continua en el mundo, ya que avanza hacia la consumación del tiempo en el juicio final, momento en el que todo y todos estarán bajo su dominio.

---

48 "Una de las metáforas más comunes usada en el Nuevo Testamento para describir la relación de la iglesia con el evangelio es la de administración. La iglesia, y especialmente aquellos llamados a algún tipo de liderazgo en la iglesia, son siervos a quienes se confía con aquello que no es su propiedad, sino propiedad de su Señor." Lesslie Newbigin. *The Open Secret. An Introduction to the Theology of Mission.* (Grand Rapids: Eerdmans, 1995), 188.

49 Van Aarde comenta: "La tarea de οἰκονομία en Efesios (Ef 1:10; 3:2 y 9) es más que una posición u oficio de administración. Es parte de la obra unificadora de Cristo (Ef 1:10) en la que Pablo está involucrado y que llegará a su clímax en la unificación del cosmos (Ef 1:20-23). Por esta razón οἰκονομία no debe identificarse con una administración en el sentido de un concepto de empresa, sino que tiene un sentido misional. Pablo usa el término οἰκονομία no para destacar su propia posición superior, sino para indicar su posición de servidumbre en la proclamación del evangelio. La iglesia también tiene su parte en la actividad de οἰκονομία (Ef. 3:9)." En "The Use of οἰκονομία for Missions in Ephesians", *Verbum et Ecclesia* 37 (1), a1489. http://dx.doi.org/10.4102/ve.v37i1.1489, 3.

La continuación de esta obra es real y visible en la acción misionera de ir a las naciones, primero a cargo de los apóstoles específicamente enviados a trascender las barreras étnicas y culturales para que el evangelio llegue a los no judíos; de esto, el apóstol Pablo es pionero, testigo, y teólogo de la misión universal.

La iglesia, como cuerpo de Cristo, es receptora y portadora de los dones benditos concedidos por su Señor para anunciar el evangelio. Fuera de ella (y en sentido instrumental) no hay en el universo nada ni nadie capaz de dar a conocer, es decir anunciar y comunicar el misterio de la salvación al ser humano.

La iglesia cristiana se observa a sí misma como parte de un plan de redención y reconciliación universal.

La tarea fundamental de la iglesia, en tanto comunidad de santos reconciliados en Cristo, es la de llevar las buenas noticias de perdón a todos sin excepción ni diferenciación, de modo tal que toda persona venga a Jesucristo y viva en la comunión de la iglesia.

Principios de acción

De la misma forma en que discernimos principios teológicos, también podemos derivar principios de acción para la práctica misionera:

La iglesia es una comunidad que existe por causa del evangelio. Tanto en el sentido en que este le da vida, como que no reconoce otro mensaje a proclamar que no sea el evangelio mismo. El evangelio define la identidad de la iglesia.

Toda actividad o estrategia que la iglesia considere en sus programas debe tener como criterio supremo encarnar y compartir el evangelio.

La iglesia debe abandonar toda intención carnal o plan de trabajar con el propósito de preservarse a sí misma como institución humana, a riesgo de perder de vista su condición de mensajera e instrumento en el cumplimiento del plan eterno revelado en Cristo.

La iglesia es misionera, es parte de la misión de Dios, tanto en los esfuerzos particulares que cada cristiano asume como testigo en su vocación diaria, como también en todo compromiso corporativo que cada comunidad cristiana asumirá según su entorno y sus capacidades.

Preguntas de reflexión

¿Qué consecuencias tiene para la vida de la iglesia local reconocerse como parte del plan eterno de Dios de llevar el evangelio a las naciones?

¿Qué aspecto particular ofrece la carta a los Efesios en relación al enfoque que da el apóstol Pablo a la misión de Dios?

¿Cuál es la relación que Cristo establece en medio de la iglesia al entregar el mensaje (*mysterion)* y su respectiva administración (*oikonomia*)?

¿Cuáles son las objeciones que podemos encontrar en el camino hacia la movilización evangelizadora de nuestras congregaciones?

¿Cuál es el fundamento para argumentar que la "administración de los misterios de Dios" no es solo tarea del apóstol Pablo, sino el ministerio de servicio dado por Cristo mismo a la iglesia? ¿Cuál es su opinión sobre este argumento?

Consideren la expresión: "El evangelio define la identidad de la iglesia." ¿De qué maneras concretas se manifiesta en su congregación esta identidad "evangélica"? Mencionen ejemplos. ¿Qué practicas o costumbres no reflejan esta identidad? ¿Qué podemos hacer para modificarlas? Mencionen ejemplos.

1 Tesalonicenses 1:6-10
La misión de la iglesia: acción constante

Nuestro recorrido por las cartas del Nuevo Testamento nos lleva a detenernos en 1 Tesalonicenses. Particularmente, en el primer capítulo donde una vez más el apóstol alaba la forma en que esta comunidad vive la novedad del evangelio de una forma tal que ya es innecesario que él mismo deba ocuparse de predicarlo en aquella zona. En este sentido, es necesario recordar un principio rector por el cual se guiaba Pablo y que manifiesta a los romanos en la carta que les escribe para que lo ayuden en su nuevo rumbo misionero: "Y esto mediante poderosas señales y prodigios, en el poder del Espíritu de Dios, de tal manera que desde Jerusalén y por los alrededores hasta Ilírico, todo lo he llenado del evangelio de Cristo. Fue así como me esforcé a predicar el evangelio, no donde Cristo ya hubiera sido anunciado, para no edificar sobre fundamento ajeno, sino, como está escrito: 'Aquellos a quienes nunca les fue anunciado acerca de él, verán; los que nunca han oído de él, entenderán'." Romanos 15:19-21.

Esta carta posee la característica de ser la más antigua que escribió el apóstol. Para nosotros es un testimonio valioso ya que reporta sobre la forma en que Pablo mantenía contacto con las comunidades donde había predicado y además refleja el celo evangelístico que desde el principio estos primeros frutos del evangelio manifestaron. La oración de acción de gracias al comienzo de la carta demuestra claramente que los tesalonicenses no solo permanecieron firmes entre ellos, sino que también se ocuparon de trascender hacia otros lugares con el mensaje de salvación.

En los versículos 6 a 10 queda claro que estos cristianos no solo recibieron con alegría la buena noticia del perdón de pecados en Cristo, sino que también se ocuparon activamente de llevar el evangelio.[50] Esta sección destaca dos formas en que los tesalonicenses lo hicieron: primero, asumiendo el llamado de la fe, como un llamado a ser imitadores de Pablo y su equipo de colaboradores, así como ellos mismos lo fueron del Señor Jesús. Esta imitación no debe entenderse en términos de perfección ética, la cual por supuesto, solo puede atribuirse a nuestro Señor Jesucristo. La imitación o seguir plenamente el ejemplo de otros tiene que ver con la

---

50 F. F. Bruce comenta: "la naciente comunidad cristiana en Tesalónica fue objeto de persecución activa por parte de sus oponentes… lo maravilloso es que, a pesar de ello, todos los cristianos de Tesalónica permanecieron firmes y efectivamente comenzaron a propagar por iniciativa propia el mensaje que habían creído. Unas pocas semanas después, cuando Pablo les escribe una carta, fue capaz de decir que el evangelio se había propagado desde ellos a lo largo de toda Macedonia y Grecia, y que su firme fe en Dios era tema de conversación en otras iglesias." En *The Spreading Flame*. (Grand Rapids: Eerdmans, 1995), 114.

perseverancia en medio del sufrimiento infligido por parte de los enemigos del evangelio (Hch 17:1-9).[51]

El segundo aspecto en que asumieron su compromiso evangélico destaca que ellos fueron un "punto de partida" (ἀφ' ὑμῶν γὰρ) o base de operaciones[52] desde donde la palabra de Dios traspasó los límites de su propia ciudad para alcanzar toda la provincia de Macedonia, la de Acaya hacia el sur, y además en "muchos otros lugares" (ἐν παντὶ τόπῳ), v 8. Tal detalle en la progresión geográfica del evangelio encuentra una interesante similitud en las palabras del Señor antes de su ascensión en Hechos 1:8 (Jerusalén… lo último de la tierra).

En esta sección consideraremos estos dos aspectos de la misión de la iglesia: en términos de imitación (μιμηταὶ) y en términos del movimiento expansivo continuo, esto es, la predicación del evangelio en todo lugar donde sea posible ("en todo lugar… se ha extendido" - ἐν παντὶ τόπῳ …ἐξελήλυθεν).

La congregación de Tesalónica logró destacarse en su celo misionero de tal forma que Pablo la presenta como un ejemplo a seguir para otras. De hecho, es el único caso en que lo hace. Su alabanza es bien fundada, no solo recibieron el mensaje en medio de la adversidad, sino que fueron una efectiva caja de resonancia del mensaje de tal forma que continuó propagándose con la misma intensidad en que fue recibido a través de todo el territorio griego.[53] La referencia a que todos saben de ellos puede parecer exagerada. Sin embargo, también sabemos que Pablo recibía informes del progreso del trabajo evangelístico desde varios lugares y a través de varias fuentes, por lo que no es difícil reconocer que desde distintos lugares llegaban noticias similares sobre la conducta y actividad evangelística de

51 "Debido a su mismo nacimiento, la situación de la comunidad de Tesalónica es de la extrema diáspora. Pablo y su acompañante solo habían podido predicar allí muy poco tiempo (comp Hechos 17:1-10). Se comprende la preocupación del apóstol por su firmeza y constancia, pues debía ser muy fuerte la presión intelectual y moral a que estaba expuesto el pequeño grupo de los recién convertidos (1 Ts 3:5-8)." En Karl Maly. "Pablo, fundador de comunidades". *Forma y Propósito del Nuevo Testamento.* (Barcelona: Editorial Herder, 1973), 100.

52 "…Pablo a las comunidades fundadas por él, por jóvenes que fueran, las hacía inmediatamente responsables a ellas mismas del servicio misionero que, para él, como Gunther Bornkamm ha formulado este hecho en una ocasión, 'cada ciudad enseguida tiene que responder de una región entera…' Claramente se da el hecho de que Pablo 'pensaba en provincias'." En Georg Eichholz. *El Evangelio de Pablo. Esbozos de una Teología Paulina.* (Salamanca: Ediciones Sígueme, 1977), 61-62.

53 Al mencionar específicamente Macedonia y Acaya, el apóstol hace referencia a la división que los romanos establecieron en Grecia.

esta comunidad cristiana, incluyendo las noticias que el mismo Timoteo le trajo desde la misma Tesalónica (3:6).[54]

Imitar

No se trata de la única mención en que el apóstol se presenta a sí mismo como ejemplo para su audiencia.[55] Al considerar esta invitación a seguir su ejemplo no busca auto referenciarse en cuanto a su conducta o estilo de vida, sino ante todo en cuanto al anuncio del evangelio y las consecuencias que su apostolado trae, principalmente en términos de oposición. La forma que esta imitación (μιμηταὶ) debe tomar no tiene que ver con una copia idéntica de lo que Pablo hacía. Por lo tanto, el sentido del pedido no apunta a desarrollar aspectos específicos de conducta, sino ante todo sostener un objetivo de vida, principalmente frente a "la experiencia de la persecución y sufrimiento por amor a Cristo".[56] Su intención no es que ellos asuman su tarea apostólica, sino que cada uno conforme a sus posibilidades reales y capacidades personales desarrolle el mismo modo de pensar y percibir la urgencia de llevar el evangelio a tantas personas como sea posible, en cada forma que les sea posible (ver 1 Co 9:22-23).[57]

Así, hablar de imitar en el contexto de la experiencia de fe por la que pasaron los tesalonicenses es la forma en que Pablo los anima a perseverar como hijos de Dios en el camino del evangelio. Esta vivencia pondrá en evidencia su pecado y sus debilidades, pero al mismo tiempo los impulsará a la comunión con Cristo, así como a una dependencia y obediencia constante al Salvador, de quien reciben el perdón de su pecado, y todas las

54 "Así la comunidad en conjunto puede ser un "tipo", un modelo para otras, dando también en el arranque misionero un testimonio de su propia fe y de su propio seguimiento de Cristo... Por otra parte, la comunidad de Tesalónica, debido a la persecución que está sufriendo (2:14), "sigue las huellas" de las iglesias de Judea. Pero esto es para Pablo una verdadera necesidad, y hasta un distintivo de la existencia cristiana (3:4)." En Karl Maly. "Pablo, fundador de comunidades". *Forma y Propósito del Nuevo Testamento.* (Barcelona: Editorial Herder, 1973), 101.

55 1 Tes 2:14, 2 Tes 3:7-9; Además, 1 Corintios 4:16 y 10:31-11:1, Fil 3:15, 17 y 4:9.

56 Colin Brown. *Dicionário Internacional de Teologia do Novo Testamento.* Vol. I. (Sao Paulo: Vida Nova, 2000), 588.

57 Werner Elert afirma lo siguiente: "La autoridad de Cristo demanda que debemos ser en verdad lo que la actividad creativa y gobernante de Dios nos ha hecho – un verdadero padre, verdadero esposo, verdadero obrero, una persona de nuestra propia sociedad contemporánea. Esto es lo que quieren decir nuestras Confesiones Luteranas cuando afirman que los cristianos de la nueva obediencia deben hacer buenas obras "de acuerdo a su vocación individual". Las vocaciones son diferentes pero la obediencia es la misma y la perfección consiste en el hecho de ser obediente a mi llamado". En *The Christian Ethos.* (Philadelphia: Fortress Press, 1957), 252.

promesas y bendiciones que los sostienen frente al conflicto y la lucha que significan vivir en el mundo como hijos de Dios.[58]

Además, el apóstol sostiene una continuidad en cuanto a la imitación cuando afirma en el v 7 que esta comunidad cristiana es ahora "modelo para todos" (τύπον πᾶσιν), es decir que ahora ellos mismos pueden ser imitados en cuanto a "sus actos de fe; por su trabajo, que es fruto de su amor, y por su sufrida esperanza en nuestro Señor Jesucristo" (1:2). Pero, no son solo modelo de vida cristiana en cuanto a su fe, amor y esperanza (comp 1 Corintios 13:13), sino que más específicamente son modelo para otros "verdaderamente" (γὰρ – esta conjunción busca enfatizar y aclarar que lo que continúa en el texto es la forma en que llegan a ser modelo) porque difundieron el mensaje del evangelio en tantos lugares como les fue posible.[59]

Movimiento expansivo continuo

Luego de dar significado al verdadero sentido de "imitar", el apóstol resume la forma en que la palabra de Dios llegó mucho más allá de lo pensado. Así continúa expresando en forma más que gráfica la estrategia evangelística: "la Palabra del Señor" (ὁ λόγος τοῦ κυρίου – ver 2 Ts 3:1)[60] ha resonado (ἐξήχηται) a través de ellos. Una característica de esta epístola es el fuerte énfasis en que el evangelio es equivalente a la "Palabra del Señor". Por lo tanto, como mensaje de salvación es verdaderamente palabra de Dios. Sin dudas, esta certeza de los tesalonicenses dio impulso a la predicación.[61]

El verbo "resonar" (*exejeo*) aparece aquí por única vez en el Nuevo Testamento. Es una palabra que puede asociarse con el sonido de una

---

58 "Cristo debe ser el Sujeto, que moldea la actividad y la realización de nuestra vida, y no el objetivo de ella... La imitación en el NT, consecuentemente, no se concibe como siendo la reproducción de cierto patrón. Es el tipo de vida del hombre que deriva su ser del perdón divino. No es el camino a la salvación a través de obras piadosas, es una actitud de acciones de gracias como respuesta a la salvación que nos fue dada." En Colin Brown. *Dicionário Internacional de Teologia do Novo Testamento.* Vol. I. (Sao Paulo: Vida Nova, 2000), 589.

59 "El tren de pensamiento solo puede ser así: Cuando los tesalonicenses recibieron la Palabra, hicieron lo que se esperaba de ellos, pues para esto les predicó la Palabra de la misma forma en que fue comisionado por el Señor. En este sentido, el versículo se relaciona con 1 Corintios 11:1." En Wilhelm Michaelis. "μιμεομαι". TDNT. Vol IV. (Grand Rapids: Eerdmans, 1977), 670.

60 León Morris explica que el sentido de la frase "la Palabra del Señor" no debe entenderse en un sentido descriptivo como queriendo decir: "la palabra que nos habla acerca del Señor", sino en el sentido que efectivamente esta es "la palabra que viene del Señor", es decir que es Jesucristo mismo el que habla por medio de sus mensajeros. En *The First and Second Epistle to the Thessalonians.* (Grand Rapids: Eerdmans, 1959), 61.

61 "Pablo habla del evangelio como una fuerza o agencia capaz de lograr algo, y que además tiene un propósito hacia el cual se mueve... el carácter dinámico del evangelio también se acentúa en 1 Tesalonicenses 1." En Andreas Kostenberger. *Salvation to the Ends of the Earth.* (Downers Grove: IVP, 2001), 192.

trompeta o con el retumbe de un trueno. El verbo lleva el sentido de un sonido fuerte y claro que puede oírse a la distancia.[62] Además, el uso del modo perfecto denota una actividad continua, por lo que deja en claro que el sonido aun puede oírse.[63]

El versículo 8 muestra una estructura quiástica, dándonos la posibilidad de comprender que los tesalonicenses se ocuparon no solo de predicar el evangelio en forma pública, sino también desde lo cotidiano de su vivencia cristiana, lo cual en sí mismo constituyó una novedad y noticia destacable.[64] El apóstol Pablo combina en una misma oración dos formas diferentes y relacionadas de compartir el evangelio, dejando en claro lo ilimitado del alcance que esta actividad continua efectivamente posee:

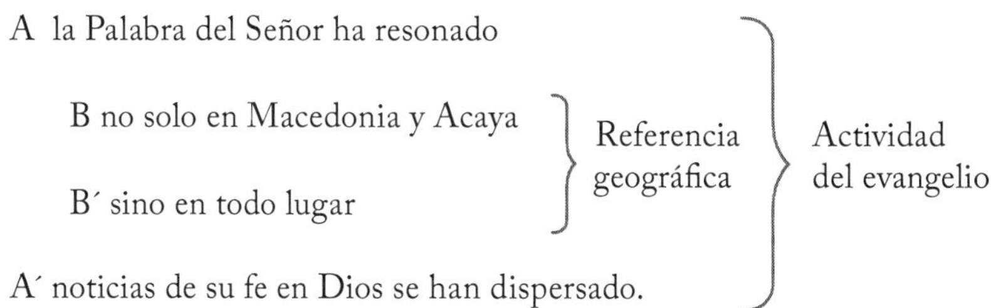

Así es como en la segunda parte del versículo la expresión "su fe" en (A´) hace referencia a la continuación de la predicación del evangelio ("La Palabra del Señor") que ellos mismos recibieron como observamos en (A) y se ocuparon en darle continuidad a tal movimiento expansivo, del que ellos mismos fueron objeto, pero ahora son hechos parte, es decir sujetos para que otros conozcan el mensaje de salvación.[65]

---

62 El verbo *exegeo* se encuentra solo en esta ocasión, aunque la raíz aparece en 1 Co 13:1 en referencia al retumbe de un metal o címbalo, cuyo sonido no produce ningún efecto comparado al ejercicio del don de lenguas (*glossolalia*) sin amor. En el caso de Tesalonicenses, el uso y la elección de este verbo no tiene que ver con el tipo de sonido generado, sino en su carácter expansivo. Es un sonido que reverbera en todas direcciones. En Johannes Schneider. "ἠχέω". TDNT. Vol II. (Grand Rapids: Eerdmans, 1977), 954-55. La idea de Pablo es afirmar que el testimonio de los tesalonicenses continúa expandiéndose más allá de las posibilidades de seguirlo o controlarlo. David Williams agrega que el uso de este verbo unido a un término tan especifico como "La Palabra del Señor" indica la autoridad de Dios que acompaña el mensaje que actualmente resuena por medio de la iglesia y que finalmente resonará con poder y autoridad cuando el Señor mismo regrese en su segunda venida, ver 1 Ts 4:16. En *Paul´s Metaphors. Their Context and Character.* (Peabody: Hendrickson Publishers, 1999), 234.

63 Ibíd.

64 Jeffrey Weima. Baker Exegetical Commentary on the New Testament. 1-2 Thessalonians. (Grand Rapids: Baker Academic, 2014), 86.

65 "En 1 Tesalonicenses 1:8-10 se puede entrever la dimensión práctica de aquella misma obligación misionera cuando los cristianos de Tesalónica son alabados por el apóstol Pablo al comunicar su fe en forma verbal y no verbal en un ambiente extraño que rechaza la fe en el Dios trino." Klaus Detlev Schulz. *Mission from the Cross. The Lutheran Theology of Missions.* (Saint Louis: Concordia Publishing House, 2009), 234.

Además de darnos claridad sobre la conducta ejemplar sostenida por estos cristianos y testificada por muchos, también era necesario afirmar la misma claridad en cuanto al contenido del mensaje transmitido. Así es como el apóstol Pablo resume para sus lectores que no solo oyó sobre lo que estaban haciendo, sino también que pudo enterarse de qué forma estaban compartiendo el mensaje de salvación con confianza y precisión en cuanto a la realidad del pecado, la justicia de Cristo y el juicio final (ver Jn 16:8-11).

El contenido de la Palabra predicada y la fe de los tesalonicenses se detalla en los versículos 9 y 10:

a. Alejarse de los ídolos
b. Volverse a Dios y servirlo
c. Confiar en Jesucristo y su resurrección
d. Esperanza en la segunda venida
e. Liberación de condenación (ira eterna)

Este resumen bosqueja los puntos centrales y fundamentales que constituyen la predicación evangélica y evangelística para todos los tiempos. Es evidente que la novedad y centralidad de la predicación es la resurrección de Jesucristo por quien no solo es posible escapar de los ídolos (falsos dioses inanimados) para encontrar paz en el Dios vivo, sino también entrar en una nueva dimensión de esperanza y certeza frente al futuro incorporando la expectativa inminente de su regreso en gloria para el juicio final y la vida eterna.[66]

Principios teológicos

El mensaje del evangelio no es otra cosa que el Salvador Jesús hablando a su iglesia, y por ella a la sociedad. La iglesia es fruto y resultado del poder dinámico del evangelio para crear fe en el ser humano.

Las congregaciones locales son efectivamente cajas de resonancia de la Palabra que el mismo Señor Jesucristo habla en ellas.

La oposición al evangelio es una realidad con la cual la iglesia debe contar para perseverar en medio de la persecución que elaboren los enemigos de la fe.

La misión de la iglesia queda enmarcada por la conciencia activa de una inminente segunda venida de Cristo.

---

66 Roland Allen. *Missionary Methods. St. Paul's or Ours?* (Grand Rapids: Eerdmans, 2001), 68-73.

Principios de acción

Todo hijo de Dios tiene el privilegio de ser eco vivo del evangelio en los espacios donde su vida transcurra. La posibilidad de ser eco del evangelio se considera un definitivo fruto o acto de fe (comp 1 Ts 1:2).

La vida del cristiano es el ámbito natural para encarnar el mensaje del evangelio. La vocación da forma y provee los medios temporales y espaciales a través de los cuales cada bautizado puede "resonar" el evangelio.

La comunidad local responde al llamado de Cristo en su vocación diaria, así como en la planificación y organización grupal para dar testimonio del evangelio con estrategias particularmente elaboradas para llegar a lugares donde no se conoce el mensaje de salvación.

Preguntas de reflexión

¿De qué manera asumieron los tesalonicenses su lugar en la misión de Dios?

¿Cuál es la misión de cada congregación cristiana según esta sección de 1 Tesalonicenses?

¿Cómo impactaron en la vida de los primeros cristianos el sentido de "oposición y urgencia" en su involucramiento en la misión? ¿Cómo impactan en nosotros hoy?

¿De qué manera se refleja en nuestra vida comunitaria (planificaciones y actividades) que efectivamente somos cajas de resonancia de la voz de Cristo (evangelio) para la sociedad?

¿Qué aspectos componen el testimonio particular de cada cristiano?

¿Qué tipo de estrategias podemos considerar como congregación local para dar testimonio del evangelio en nuestra ciudad?

¿Qué posibilidades tenemos de planificar o proyectar nuestro compromiso misionero más allá de nuestra ciudad hacia otras ciudades? ¿Qué recursos tenemos disponibles? ¿Qué nos falta? ¿Cómo podemos trabajar para conseguirlos?

Filipenses
Una comunidad comprometida en la comunión del evangelio

La lectura de la carta a los Filipenses nos ayuda a comprender el sentido corporativo y asociativo que la misión de la iglesia tuvo ya desde el principio, tanto en el trabajo apostólico de Pablo como en la conformación de la identidad de las nuevas comunidades.

Esta afirmación sigue siendo tema de debate, pues se pueden identificar dos formas opuestas de interpretar el silencio del apóstol en sus cartas en cuanto a exhortaciones directas a evangelizar o tomar iniciativas similares a las que Pablo tuvo de recorrer territorios donde el evangelio no había llegado.[67] Por un lado, encontramos a quienes sostienen que Pablo no estaba interesado en que las congregaciones formadas se involucraran en todo esfuerzo evangelístico similar a su propio llamado.

Por otro lado, tenemos la posición que observa en el contenido de las cartas del apóstol suficiente evidencia como para afirmar que efectivamente Pablo observaba a las nuevas comunidades como una continuidad natural de su propia tarea apostólica, no según la forma, sino según el espíritu evangélico y la novedad de vida que implicaba ser parte de la nueva humanidad creada en Cristo (Ef 2:8-10).

La carta a los Filipenses nos ayudará a dar sustancia a la segunda mirada o forma de leer el texto bíblico identificando la comprensión que el apóstol tiene de su propia tarea en relación a las comunidades cristianas que lo acompañan en su tarea apostólica. Esta carta es paradigmática en tanto que refleja el estrecho vínculo que Pablo establecía con los creyentes de los lugares donde predicaba, el cual persistía con el paso del tiempo y más allá de la distancia.

Nos enfocaremos principalmente en el capítulo 1 de Filipenses en donde el apóstol Pablo hace memoria y recorre con claridad la forma en que esta comunidad de creyentes ha sido parte de la misma misión, y da testimonio del mismo evangelio por el cual él mismo ahora se encuentra encarcelado. Esta introducción y oración por los creyentes de Filipos anticipa y refleja el contenido de toda la carta, así como el carácter agradecido y la profunda amistad que se formó entre ellos.[68]

---

67 No debemos olvidar que la misma estrategia de Pablo de llevar el evangelio a un territorio especifico, usualmente ciudades importantes con gran flujo de gente yendo y viniendo, no tenía por objetivo llevar a la fe al total de la población, sino establecer comunidades cristianas firmes e instruidas en la fe que pudieran ocuparse de la evangelización en su propio contexto. Ver Senior y Stuhlmueller. *The Biblical Foundations for Mission.* (Maryknoll: Orbis Books, 1983), 194.

68 "El carácter doble de la carta puede verse claramente en el *proemium*, la oración de gratitud introductoria y las peticiones que le siguen (1:3-8, 9-11), que anticipan mucho de lo que va a aparecer en el cuerpo de la carta. La oración de gratitud refleja una amistad profunda: reconocimiento por parte de Pablo de la colaboración/participación de los filipenses en el evangelio" (v 5). Gordon Fee. *Comentario de la Epístola a los Filipenses.* (Viladecavalls, España: Editorial CLIE, 2004), 46.

El profundo sentido de amistad en el vínculo de Pablo con los filipenses trasciende las relaciones amistosas ordinarias entre los seres humanos. El hecho que la relación se establece a través de un bien común compartido, como lo es el evangelio, es decir la posesión mutua que tienen en Cristo, permite concluir que el vínculo que existe entre ellos es mucho más espiritual que emocional. El vínculo espiritual coloca a ambos en una misma sintonía en cuanto a su lugar en el plan de Dios y el servicio que cada uno de ellos concede al evangelio, y en tanto que sirven al evangelio colaboran unos con otros.[69]

Particularmente, el versículo 5 nos habla de "la comunión en el evangelio"[70] que Pablo y los filipenses comparten como un bien mutuo "desde el primer día hasta ahora". Este versículo nos obliga a considerar cada una de sus partes en cuando al sentido que aportan a la comprensión misionera y lugar de cada uno. Necesitamos comprender el significado del término "comunión" y además considerar el marco de tiempo continuo y permanente de tal comunión, lo cual nos permitirá pensar que tal comunión no se manifestó en forma aislada y como respuesta a una necesidad puntual (encarcelamiento de Pablo).

La comunión (*koinoneo*) en el evangelio ha sido interpretada de una forma pasiva llegando a significar que la comunidad de Filipos comparte la misma esperanza por medio de la fe que les fue predicada por Pablo. Así, los creyentes permanecen como meros receptores sin involucrarse en la tarea que tal comunión en el evangelio parece implicar, como la misma dinámica movilizadora del evangelio de Cristo manifiesta a lo largo del Nuevo Testamento. Esta interpretación se fundamenta en una forma de considerar el verbo *koinoneo* (entendido como participar o colaborar) solo en relación a dos acciones: la oración (1:19) y la ofrenda económica (4:15).[71]

---

69 "La característica clave está en que la amistad es transformada radicalmente de una unión entre dos a una unión entre tres: Pablo, los filipenses, y Cristo. Y, obviamente, Cristo es el centro de todo. La amistad de los filipenses y de Pablo está basada en su mutua "colaboración/participación" en el *evangelio*." Ibíd., 47.

70 "Es un término típicamente paulino… Pablo nunca empleó *koinonía* en un sentido secular, sino siempre en un sentido religioso. Nunca fue equivalente de *societas* "compañerismo" o "comunidad". No es un paralelo de *ekklesia*… para él se refiere estrictamente a la relación de fe con Cristo: "la comunión de su Hijo" (1 Co 1:9), "la comunión del Espíritu Santo" (2 Co 13:13), "la comunión en el evangelio" (Fil 1:5), "la comunión de la fe" (Fm 6). Colin Brown. *Dicionário Internacional de Teologia do Novo Testamento.* (Sao Paulo: Vida Nova, 2000), 379-380.

71 Tanto el verbo *koinoneo*, así como el sustantivo *koinonía* indican un significado y uso doble de los mismos: (a) tener algo en común o compartir una misma posesión, la cual se reconoce y disfruta; (b) la comunión manifiesta en hechos concretos y prácticas que reflejan la comunión con Dios en la vida de los creyentes como resultado de su fe. W. E. Vine. *Vine's Expository Dictionary of Old and New Testament Words.* (Nashville: Thomas Nelson Publishers, 1997), 206-207.

Estas acciones (orar y ofrendar), sin embargo, no son el fin de la colaboración, sino una parte necesaria y concreta para la labor apostólica de Pablo. Representan la manera en que comunidades lejanas pueden trabajar para que el avance del evangelio sea posible en cualquier lugar del mundo donde no se haya predicado el evangelio.[72] Al mismo tiempo, esta colaboración a la distancia no es otra cosa que el reflejo del mismo compromiso y dedicación por la predicación del evangelio en su propio lugar. Aquí es donde se logra comprender en toda su amplitud el verdadero alcance de la "comunión en el evangelio". Al hablar de comunión en el evangelio el apóstol nos permite observar que se establece un esfuerzo concreto, práctico, y hasta estratégico en cuanto a que es necesario que cada uno de los involucrados en tal comunión ponga a disposición todas sus posibilidades para que sea, en todo caso y finalmente, el mismo evangelio el que encuentre su camino a nuevos lugares donde cumplir su propósito.[73] Este es el contexto en el cual reconocemos que la comunión espiritual establecida por medio de Cristo entre el apóstol y esta comunidad de creyentes también comprende un elemento de compromiso mutuo y acción coordinada que les permite colaborar y servir al evangelio a la distancia y de variadas formas.

Aunque ambos poseían esta comunión en el evangelio, es decir que su propósito era el mismo, no debe entenderse que todos hacían lo mismo. La tarea apostólica de Pablo lo movía a llevar el evangelio a nuevas tierras donde aún no había llegado un predicador. La claridad y el sentido de urgencia en el apóstol no implicaba un alejamiento y olvido de los frutos de su trabajo, sino el establecimiento de una red de apoyo espiritual y material con las nuevas comunidades. En el caso de los filipenses queda en evidencia que se estableció una conexión muy particular y afectuosa. En la exhortación del apóstol en 1:27-30 se aclara cuál era el compromiso y los riesgos que los filipenses asumieron y que debían mantener en su propia ciudad: sostener una conducta de vida intachable frente a los que se oponen, así como entender que el testimonio del evangelio trae como resultado la oposición, el desprecio, e incluso el sufrimiento como consecuencia evidente de

72 "La participación de los filipenses en el evangelio encuentra un sentido activo de promover el evangelio en su medio, no solo de colaborar con Pablo a la distancia al sostener su oficio apostólico." Peter O'Brien. *Gospel and Mission in the Writings of Paul. An Exegetical and Theological Analysis.* (Grand Rapids: Baker Books House, 2000), 116.

73 Tal es el aprecio y la valoración que Pablo tiene de la ofrenda recibida de los filipenses y entregada personalmente por Epafrodito (2:25) que emplea el término *leitourgía* (2:17, 30), es decir un servicio sacerdotal, a través del cual este grupo de cristianos trajo bienestar y consuelo al apóstol encarcelado. En Romanos 15:16 el mismo apóstol identifica la proclamación del evangelio a los gentiles con un "servicio sacerdotal" a través del cual presenta a las personas que llegan a la fe como una ofrenda agradable a Dios. David Williams. *Paul's Metaphors. Their Context and Character.* (Peabody: Hendrickson Publishers, 1999), 249-50.

la comunión en el evangelio. En este sentido, y más allá del compromiso concreto con el evangelio que cada uno llevaba adelante, ambos enfrentaban los mismos desafíos y se animaban mutuamente para no desesperar.[74]

Así la comunión (*koinonía*) indica un significado multifacético[75] y valiosamente relacionado con la obra misionera de toda la iglesia de Cristo. Cada acción es concreta y permite que en forma práctica toda la iglesia sea parte del movimiento misionero. Vemos una manifestación acabada del plan de Dios para la iglesia ya presente desde el principio. La congregación de Filipos no deja de proveer, en este sentido, un testimonio claro de la misión de Dios revelada en la disposición para asociarse en una amplia y productiva red de comunidades al servicio de la predicación del evangelio:

74 "Pero el significado de su comunión (*koinonía*) no puede limitarse a su involucramiento en lo que hacía Pablo, pues en 1:27-30 los anima a permanecer firmes en Filipos, unirse contra los ataques del enemigo en su propia ciudad, no donde estaba Pablo cautivo… Los filipenses tenían el mismo objetivo que el apóstol, y en este contexto debe incluirse su anuncio de la palabra del Señor. Esto no significa que su compromiso misionero tomó la misma forma que el de Pablo. No obstante su compromiso con el *kerigma* implicaba ser parte del movimiento dinámico del evangelio en Filipos, así como asumir un compromiso con la tarea de Pablo." Ibíd., 118.

75 "…la afirmación de Nida… que 'significado es un conjunto de relaciones para las cuales un símbolo verbal es un signo', parece ser un principio útil si 'símbolo verbal' se extiende para incluir no solo palabras aisladas, sino también discursos. Significado, por lo tanto, tiene que ver con una multiplicidad de relaciones por las cuales las personas se comunican. Estas relaciones pueden funcionar en diferentes niveles, y por lo tanto debemos reconocer una variedad de significados en referencia a un canal particular de comunicación." J. P. Louw. *Semantics of New Testament Greek.* (Atlanta: Scholars Press, 1982), 47-48.

Dentro del marco establecido por la comunión existente a partir del evangelio, cada circunstancia en la vida del apóstol Pablo es considerada como una posibilidad de colaborar y aportar al avance del evangelio.[76] Así, en 1:12-18 inserta una referencia a la actual situación que está viviendo: encarcelado por causa del evangelio. Esta condición, por cierto injusta e infundada pues ningún delito real lo llevó a prisión, sin embargo llegó a ser un poderoso incentivo para que otros cristianos (desconocidos para los filipenses) fuera de la cárcel asumieran con mayor dedicación la predicación del evangelio, del cual ya estaban dando testimonio, pero ahora "sin temor" (v 14).[77]

Pablo les cuenta a los filipenses lo que estaba pasando como una forma de explicar gráficamente cuál es el precio que puede pagar un cristiano al vivir en la "comunión del evangelio". Al organizar el contenido de su carta alrededor de este tema, logramos reconocer la dinámica misionera de Pablo y sus iglesias, pero también la responsabilidad inherente a tal comunión. Participar del evangelio no implica únicamente la propiedad del mismo, como si se tratara de una cosa que manejamos como sus dueños. Antes bien propone la incorporación de cada cristiano en particular en el movimiento dinámico de algo que ya está en marcha, es decir el evangelio de Cristo, el cual puede traer consecuencias y desafíos impensables humanamente hablando.[78]

Así es como ayuda a considerar su propio encarcelamiento, no como un freno o revés en la obra evangélica (aunque desde una perspectiva carnal y humana podría verse así), sino como una oportunidad para que más personas se sumen en el anuncio de la salvación (así deja en evidencia que precisamente este era el propósito divino por el cual debía estar en la cárcel). Por eso, aunque la situación particular de Pablo fue motivo de tristeza para los filipenses, no debía transformarse en desánimo, sino por

---

76 "Pablo, entonces, asume dos roles en la misión corporativa: pionero y pastor. Su tarea incluye tanto la fundación de congregaciones como evangelista itinerante plantador de iglesias como la nutrición continua de aquellas iglesias por medio de visitas, enviados, y cartas." William Larkin. *Mission in the New Testament. An Evangelical Approach.* (Maryknoll: Orbis Books, 1998), 73.

77 "Su mayor preocupación es el evangelio en Filipos. Esta es la participación que le preocupa. Sin duda, en los versículos siguientes (1:12-26) habla de su situación actual de una forma semi-paradigmática: él se regocija por la proclamación del evangelio en Roma (1:15-18), y quiere que ellos completen ese gozo haciendo otro tanto en Filipos (2:2). Además les insta a que intercedan por él para que sea lleno del Espíritu, y así Cristo pueda ser exaltado mientras él está en prisión (1:20); pero todo esto es para instarles a proclamar la fe *en Filipos* y a vivir de acuerdo a ella." Gordon Fee. *Comentario de la Epístola a los Filipenses.* (Viladecavalls, España: Editorial CLIE, 2004), 132.

78 "La evangelización es un aspecto inherente a la comprensión que Pablo tiene del 'evangelio'. Por tanto, es difícil no ver la evangelización también como algo inherente a esta frase." Ibíd., 131.

el contrario, lograba un propósito más excelente que era multiplicar el esfuerzo de uno solo, en el testimonio de muchos más. Si este era el resultado de tal situación dramática, entonces, concluye el apóstol, bienvenido sea. Con este ejemplo incentiva a sus lectores para que ellos también se esfuercen e insistan en la misma actitud paciente y dedicada que ambos comparten por causa del evangelio (ver 4:9).

Principios teológicos

El evangelio de Cristo es mucho más que una sumatoria de hechos históricos registrados en un libro. El evangelio es en sí mismo poder y acción de Dios en las personas. El apóstol Pablo deja en claro que no hay cadenas que puedan frenar el avance del evangelio, pues su verdad y eficacia no depende de la acción humana.

La iglesia de Cristo es el resultado del poder dinámico del evangelio. Los agentes que asuman la tarea de predicar, testificar, orar, ofrendar, etc. se encuentran bajo la dinámica comunión del evangelio que los integra plenamente como parte de la misión de Dios.

La posibilidad de tomar parte activa en la misión de Dios no depende de un cargo u oficio por el cual se valida la comunicación del evangelio, sino que se establece en el momento mismo en que el individuo entra en la comunión del evangelio, es decir en la comunión de la iglesia (los llamados por el Espíritu Santo a través del evangelio).

La iglesia es una comunidad humana, pero no se sostiene por medios humanos, sino por la acción del Espíritu Santo en la comunión con Cristo.

Principios de acción

El evangelio como posesión común de la iglesia es ante todo el que unifica la obra de los creyentes logrando que, más allá de la forma específica que tome, cada acción busque y eventualmente tenga como resultado natural el progreso del evangelio mismo.

Las comunidades cristianas locales necesitan verse como parte de un conjunto mayor, la iglesia universal, y por lo tanto, asociarse en forma colaborativa para alcanzar objetivos que trasciendan sus propias posibilidades y recursos.

El propio esfuerzo evangelístico de una comunidad cristiana no la excusa de su compromiso con la evangelización en lugares donde no ha llegado aún el evangelio.

La "comunión en el evangelio" debe entenderse como fuente de motivación y consuelo en medio de la oposición que los enemigos del mensaje de salvación establezcan.

Preguntas de reflexión

¿Cuál es el significado de la “comunión en el evangelio” en la vida de la iglesia para la misión de Dios?

¿De qué manera son los cristianos integrados en la misión de Dios? ¿Cuál es el rol que le corresponde a cada uno? ¿Desde dónde se definen?

Los filipenses dieron ofrendas para que Pablo pudiera proseguir con su tarea apostólica, ¿se conformaron con este aporte?, ¿qué más pudieron hacer ellos en relación a la predicación del evangelio?

¿Qué podemos aprender de la estrategia misionera del apóstol Pablo? ¿Qué otras actividades acompañaban su acción evangelizadora? ¿De qué manera equilibra su llamado a llevar el evangelio a los gentiles en lugares donde nadie predicó aún con la necesidad de preservar y fortalecer la fe de los nuevos cristianos?

¿De qué manera la carta a los Filipenses constituye una forma de amor fraternal y cuidado pastoral de parte de Pablo hacia los cristianos de Filipos?

Considere el sentido multifacético del término “comunión” (*Koinonía*): ¿Cuántas acciones concretas indica o abarca esta palabra? ¿Cómo afecta la vida comunitaria y nuestra comprensión de la “comunión de los santos” cuando confesamos nuestra fe en el Credo Apostólico?

¿Qué podemos hacer para que el mensaje del evangelio llegue a lugares donde aún no se lo ha predicado?

Capítulo dos

IGLESIA Y MISIÓN EN LAS CONFESIONES LUTERANAS Y EN LUTERO

El perdón de los pecados establece el impulso misionero

El apóstol Pablo enseñó que la iglesia es el cuerpo de Cristo. En esta relación particular y mística que llamamos comunión se plasma el significado de la redención al formar un nuevo pueblo en el mundo, libre de toda atadura física y material, solo sujeto al Dios trino y expectante de su voluntad.

Las Confesiones Luteranas ofrecen un análisis y una presentación sobre una adecuada definición de la iglesia. Dentro del marco de confrontación y defensa de la doctrina bíblica, los confesores elaboran una concepción de la iglesia que define su identidad y propósito desde su esencia fundamentalmente espiritual. Para lograrlo, ofrecen una definición desde dos perspectivas, una positiva y otra negativa. En otras palabras, afirman lo que es, con lo cual dejan claro qué no es la iglesia y por lo tanto cuáles son los aspectos externos que no deben incluirse en una sana definición de iglesia.

El gran enemigo de fondo en relación a la definición de iglesia aparece bajo la forma de la institución externa que se establece a sí misma como el medio de salvación colocando ritos, ceremonias, y reglamentos humanos como necesarios y mediadores de la gracia divina: "la iglesia no es un conjunto, con determinados caracteres exteriores, de ciertas naciones, sino antes bien el conjunto de hombres esparcidos por todo el mundo que están acordes en cuanto al evangelio y que poseen el mismo Cristo, el mismo Espíritu Santo y los mismos sacramentos, ora tengan las mismas tradiciones humanas, ora las tengan distintas" (Apl VII-VIII, 10). Esta comprensión de la iglesia ya quedó aclarada en la Confesión de Augsburgo donde se afirma, en relación a la unidad de la iglesia que no es necesario el mismo uso de ceremonias de institución humana (CA VII, 3). De la misma forma, insiste la Apología que, si la iglesia solo se define "como un régimen exterior de buenos y malos", las personas llegarán a la conclusión que por la mera "observancia de ciertos cultos y ritos" ya son parte de la misma, más allá de –o sin necesidad de– la fe salvadora y la promesa del evangelio. Finalmente pregunta: "¿Qué diferencia habría entre el pueblo de la ley y la iglesia, si esta última es solo un régimen exterior?" (CA VII-VIII, 13-14). Aquí claramente se establece una distinción por medio de la ley y el evangelio. La iglesia no existe por causa de la ley o para ejecutar su cumplimiento, sino para proclamar y servir al evangelio que es la promesa del perdón de los pecados por los méritos de Cristo. Este es el principio fundamental que guía y sostiene a la iglesia, el artículo de fe por el cual la iglesia se sostiene o cae (la justificación por la fe). En todo caso, sabemos que la iglesia encuentra formas y desarrolla ceremonias por las cuales se organiza y funciona, sin embargo, todas ellas han de considerarse y practicarse a la luz del evangelio y estimular su anuncio (considerar el criterio que ofrece la Apl VII-VIII 31-34).[1]

Contra tal concepción extraña a la revelación bíblica, las confesiones ofrecen una definición orgánica y funcional que enfatiza sobre todo lo externo, la centralidad de los medios de gracia, su uso correcto, y la aplicación de sus beneficios en la vida del pueblo de Dios, definido en diversas ocasiones como el cuerpo de Cristo. El hecho que la iglesia es el cuerpo de Cristo da claridad también a su función y las funciones que en esta corporalidad se establecen.[2]

Podemos decir que la iglesia como "cuerpo" es mucho más que una imagen o figura de lenguaje. Es ante todo una definición de lugar y propósito. Partiendo de una definición simple, tanto Lutero como Melanchton elaboran una concepción que libera a la iglesia de las ataduras de una formalidad legalista, sostenida en convenciones establecidas por el ser humano para permitirle ser la comunión de los santos, sostenida por Cristo su Señor y guiada por la acción del Espíritu Santo.

La afirmación de la verdadera iglesia cristiana como el gobierno de Cristo en el corazón de los bautizados nos recuerda que no hay regla ni ley que pueda forjar la realidad de la iglesia como cuerpo de Cristo, excepto él mismo por medio de la fe que surge de la predicación del evangelio y la acción del Espíritu Santo.

Por ejemplo, la Apología de la Confesión de Augsburgo nos ofrece una primera y simple definición: "La comunidad de la fe y del Espíritu Santo

---

1 Al considerar la realidad y necesidad de las formas la vida de la iglesia, Kurt Marquart concluye: "La fuerte conexión entre la fe y los medios externos que la generan implica una conexión igualmente fuerte entre "la comunión de cosas externas y ritos" y "la comunión de la fe y el Espíritu Santo". En *The Church and Her Fellowship, Ministry and Governance.* (Saint Louis: The Luther Academy, 1990), 24.

2 No es la intención de esta sección abordar el uso de la terminología visible-invisible en relación a la definición de iglesia. En todo caso, reconocemos y concordamos con la manera en que Kurt Marquart resume esta realidad, cuando concluye: "Iglesia en su sentido propio – cuerpo de creyentes y la iglesia en su sentido amplio – creyentes reunidos alrededor de los medios de gracia, incluyendo a sus afiliados no creyentes." En *The Church and Her Fellowship, Ministry and Governance.* (Saint Louis: The Luther Academy, 1990), 24.

en los corazones" (VII-VIII, 5), desde la cual construye una concepción y al mismo tiempo determina el lugar que ocupa la iglesia en la misión de Dios. Nuestro interés en buscar rastros de la misión de la iglesia en las Confesiones a través de las definiciones que ellas ofrecen nos permitirá reconocer que la liberación del evangelio de la oscuridad institucional en la que se encontraba en tiempos de la Reforma se comprende como un estímulo para la evangelización y la predicación de la Palabra sin limitaciones a lo largo del mundo.[3]

Luego de establecer una definición simple que identifica completamente a la iglesia como el pueblo de Dios, rápidamente se localiza a la verdadera iglesia cristiana reunida o convocada alrededor de "marcas externas" que permiten reconocerla: "La pura enseñanza del evangelio y la administración de los sacramentos en armonía con el evangelio de Cristo." Unos párrafos más arriba el autor de la Apología menciona estas marcas externas de otra manera: "La Palabra, confesión de fe [*professionis* - profesión] y sacramentos" (VII-VIII, 3). Vale destacar que la confesión de la fe, es decir la afirmación cierta de lo que se cree, aquí aparece relacionada directamente con la administración y el uso de los medios de gracia, los cuales la iglesia recibe, no solo para sí misma, sino como parte del llamado a ser portavoz del perdón de los pecados al mundo incrédulo.[4] Dentro de esta relación cercana entre los medios de gracia y el ejercicio de la fe, se define una vez más que, "la iglesia consiste en aquellas personas que conocen y confiesan correctamente la fe y la verdad" (VII-VIII, 22). Esta afirmación hace que la identidad de la congregación cristiana sea marcada por una fe activa que conoce y confiesa el mensaje de la salvación, pero que también identifica este mensaje inequívocamente con la verdad.

---

3 Sobre este interés y esta búsqueda, Erní Seibert aporta la siguiente reflexión: "En varios momentos de la historia del luteranismo, en forma particular cuando por un motivo u otro se enfatizaba el re-estudio de las Confesiones Luteranas, el concepto luterano de iglesia, más ligado a la Palabra y los sacramentos, reaparecía. Esto lograba que la Iglesia Luterana atravesara un proceso de revitalización interna, que normalmente, generaba un estímulo para la predicación de la palabra de Dios hacia afuera. La iglesia asumía su carácter misional, y una iglesia confesional era comprendida como una iglesia que tiene algo que confesar a alguien, mucho más que una iglesia que tiene algo que guardar de forma intocable." En *A Missão de Deus Diante de um Novo Milênio*. (Porto Alegre: Concórdia Editora, 2000), 17.

4 Aquí podemos destacar también que al hablar de las "marcas" de la iglesia varía la forma o cantidad en que se enumeran. Sin embargo, queda claro que ninguna de estas enumeraciones se desprende o niega el fundamento del evangelio, que es la justificación por la fe, sino que lo promueve e impulsa. Así por ejemplo, Martin Chemnitz en su *Enchiridion* destaca que hay cuatro marcas por las que se identifica a la verdadera iglesia de Dios sobre la tierra, la cuarta de ellas se define así: "Donde haya personas que usan los sacramentos (Marcos 16:16; 1 Corintios 10:17; 11:33), oyen la palabra de Dios (Juan 10:27), la reciben (1 Tesalonicenses 1:6; 1 Corintios 15:1), confiesan [a Cristo] (Mateo 10:32), lo siguen (Juan 10:27), e invocan el nombre de Dios, como él lo ordena en la Palabra (Lucas 19:46; 1 Corintios 1:2; Salmo 79:6)." En *Chemnitz's Works*. Volume 5. (Saint Louis: Concordia Publishing House, 2007), 154-55.

Existe una calidad determinante en el mensaje de la iglesia que la lleva a estar convencida de lo que tiene y por eso lo confiesa frente al mundo. De esta manera y solo así se da a conocer en el mundo. La iglesia es la suma total de personas que creen y confiesan lo que creen. Esta manera de concebir a la iglesia la presenta frente a la sociedad con la verdad de la palabra de Dios que demanda hacerse pública, proclamada, y oída sin condiciones ni excusas.

La concepción orgánica de la iglesia queda clarificada cuando se toma inicialmente la imagen bíblica del cuerpo para decir: "La iglesia se llama cuerpo de Cristo, cuerpo al cual Cristo renueva, santifica y gobierna por su Espíritu como lo testifica Pablo en Efesios 1:22-23… la iglesia, la cual es su cuerpo…" Además, se insiste con esta imagen del cuerpo en otras ocasiones donde leemos: "Cuando se da una definición de la iglesia, es necesario definir a aquella que es el cuerpo vivo de Cristo, a aquella que es la iglesia de nombre y de hecho" (VII-VIII, 12).[5] El énfasis sobre la imagen del cuerpo encuentra sentido en la clara intención de las Confesiones de preservar a la iglesia de una definición que la relacione solo con una institución, nombre denominacional o estructura de funcionamiento, sino antes bien que coloque a la iglesia universal ("decimos que esta iglesia existe, y que la constituyen los verdaderos creyentes y justos esparcidos por todo el orbe" VII-VIII, 20), reunida en innumerables comunidades, donde sea que se encuentren creyentes en el mundo en plena comunión con su Señor Jesucristo. La iglesia como cuerpo sigue a su Señor, conoce su voluntad, pero antes se nutre y recibe de él todo bien necesario para sustentarse y crecer.[6] En este sentido, la iglesia es profundamente dependiente de Cristo, no se establece a sí misma como dueña de las bendiciones que recibe a través de las "marcas externas" mencionadas o medios de gracia. Tampoco se sostiene por medio de reglamentos, sino que, como cuerpo que es, busca conformarse en identidad y propósito a quien las provee, Cristo mismo. La iglesia como cuerpo se localiza e identifica donde el Señor Jesús está presente y activo. Allí donde se habla la palabra de Cristo (Lucas 10:16 "El que los escucha a ustedes, me escucha a mí"), donde se bautiza en nombre de Dios trino y se entrega el Sacramento del Altar para perdón de pecados, se puede decir que está presente la

5 Ya en el artículo IV: 400 de la Apología, Melanchton habla de la relación entre Cristo y su iglesia en términos de Cabeza y cuerpo, refiriéndose a la necesidad de buscar la verdad evangélica en la palabra de Dios y no en opiniones humanas o personales.

6 "[El Sacramento del Altar] nos ha sido dado como sustento y alimento cotidianos, con objeto de que nuestra fe se reponga y fortalezca para que, en vez de desfallecer en aquella lucha, se haga más y más fuerte. Pues la nueva vida ha de ser de modo tal que aumente y progrese sin cesar, sin interrupción. Por lo contrario, sin embargo, no dejará de sufrir mucho" (CMa, IV 24-25).

verdadera iglesia cristiana.[7] En los Artículos de Esmalcalda, Lutero define la iglesia como: "Los santos creyentes y el rebaño que escucha la voz de su pastor (Jn 10:3)" (AE III, 12, 2). El evangelio es el tesoro que posee y ofrece la iglesia cristiana por estar en Cristo.

Pero fundamentalmente, la iglesia es ante todo receptora de los bienes espirituales que el Espíritu Santo ofrece por la predicación del evangelio (CMa II, 38). Los bienes espirituales que nutren a la iglesia son los méritos de Cristo, conquistados por su muerte en la cruz y resurrección. Este es un hecho consumado sobre el cual nada tenemos para decir, excepto creer para vida eterna. Sin embargo, aquí es donde Lutero nos ayuda a comprender que el perdón de los pecados recibido por la obra de Cristo tiene un propósito movilizador para la vida de la iglesia: "Si esta obra de Cristo permanece oculta y sin que nadie supiera de ella, todo habría sucedido en vano y habría que darlo por perdido. Ahora bien, a fin de evitar que el tesoro quedase sepultado y para que fuese colocado y aprovechado, Dios ha enviado y anunciado su palabra, dándonos con ella el Espíritu Santo, para traernos y adjudicarnos tal tesoro y redención. Por consiguiente, santificar no es otra cosa que conducir al Señor Cristo, con el fin de recibir tales bienes que por nosotros mismos no podríamos alcanzar" (CMa II, 38-39).

También es necesario observar que en el esfuerzo por definir la iglesia, se concluye que ella misma es pura y exclusivamente la que se encuentra en comunión con Cristo por el mensaje del evangelio y la obra del Espíritu Santo. Fuera de la iglesia no hay evangelio, por lo tanto, no hay perdón de pecados ni redención, así leemos: "Sin embargo, fuera de la cristiandad, donde no existe el evangelio tampoco hay perdón alguno, lo mismo que no puede haber santificación. Por eso, se han separado y excluido ellos mismos de la cristiandad, todos los que quieren buscar y merecer santificación no por el evangelio y la remisión de los pecados, sino por sus obras" (CMa, II, 56).

Es muy importante reconocer que el límite o la frontera que define a la iglesia no es geográfica, étnica, social, económica, etc., mucho menos por sus ceremonias y formas rituales, sino esencialmente por la presencia o no del evangelio. Donde no está el evangelio no puede haber iglesia, porque por su misma proclamación el Espíritu Santo obra la fe, da el perdón, y constituye la iglesia cristiana (Ro 10:17). Por eso, podemos encontrar

---

7 "Ellos son medios de gracia poderosos por los que la fe es creada, los cuales realmente conceden perdón, vida y salvación. Sin ellos, por lo tanto no puede haber comunión en la fe y del Espíritu Santo en los corazones." En Kurt Marquart. *The Church and Her Fellowship, Ministry and Governance.* (Saint Louis: The Luther Academy, 1990), 24.

que las Confesiones ofrecen un reflejo bíblico muy nítido del énfasis y la motivación de los apóstoles, unido a un sentido de urgencia en cuanto a reconocer que si el evangelio no encuentra su camino más allá de donde ya es predicado, la iglesia no estará respondiendo al llamado que le da existencia ni al propósito que la identifica y une a Cristo como su cuerpo.[8]

Sobre esta presencia salvífica del evangelio proclamado allí donde aun no llegó, también habla Lutero cuando lo compara con la imagen del aguacero (*Platzregen*) que se desplaza descargando su lluvia donde sea que pase.[9] Por su misma esencia no puede hacer otra cosa que entregar la lluvia que lleva, así riega y da vida. Pero al mismo tiempo esa esencia indica movimiento constante, el apóstol Pablo reflexiona sobre lo mismo cuando nos recuerda que el evangelio no reconoce cadenas, aunque sus mensajeros las puedan llevar (Fil 1:12-14; 2 Ti 2:9). Asimismo, el evangelio, cuando se proclama produce un efecto, una consecuencia que revela su poder divino para hacer aquello que Dios mismo establece (ver 2 Co 4:6; Is 55:10-11).

En otras palabras, la iglesia hace que su existencia sea un constante llegar a los pies del Señor para oír su Palabra. En todo esto, el Espíritu Santo hace su obra de tal forma que en la comunión que establece por la fe, se viven abundantemente los frutos de tal fe: arrepentimiento y perdón de pecados, buenas obras y testimonio. El Catecismo Mayor afirma: "En este mundo él [Espíritu Santo] comienza la santificación y la hace crecer diariamente por dos medios: La iglesia cristiana y el perdón de los pecados" (CM, II, 59). Es significativo que aquí la iglesia es instrumental en la obra del Espíritu Santo. Es la santa iglesia cristiana la que vive la riqueza del evangelio en la santidad del perdón que Cristo le concede y por lo tanto también crece. Este crecimiento que el Espíritu Santo produce en

---

8 En cuanto al sentido de urgencia y alcance reflexiona Lutero en su sermón sobre Marcos 16:14-20 para el domingo de Ascensión de 1525: "Pablo escribe en su carta a los Colosenses que la palabra del evangelio "ha llegado a todo el mundo" (1:6) y "se predica en toda la creación que está debajo del cielo" (1:23). "¡Pero esto no es verdad, Pablo! ¿Por qué dices que la predicación ha llegado a todo el mundo?" Respuesta: Su voz ha salido por toda la tierra (Ro 10:18), está saliendo aun, y seguirá saliendo para llegar a su meta". En *Obras de Martín Lutero*. Vol. IX. (Buenos Aires: Editorial La Aurora, 1983), 107.

9 Aunque Lutero usa esta imagen en forma de advertencia al pueblo alemán para que consideren y valoren la bendición del evangelio sanamente predicado entre ellos, sin dudas refleja la concepción que tenía en cuanto a la palabra de Dios: no la entendía como una posesión regulada por la iglesia, sino como el poder de Dios actuando en medio de la comunidad para beneficio de ella y muchos más. Así escribe: "Es preciso que sepáis que la palabra y la gracia de Dios son como un aguacero que pasa y ya no vuelve al lugar donde estuvo antes... no debéis pensar que lo tendréis perpetuamente, pues la ingratitud y el menosprecio no permitirán que permanezca. Por eso aferre y retenga quien pueda; las manos perezosas no podrán sino tener un año malo." En *Obras de Martín Lutero*. Vol. VII. (Buenos Aires: Editorial La Aurora, 1977), 23. Ver también Douglas Rutt. "Luther's *Platzregen* in Action." En *Concordia Journal*. Volume 40, Issue 3. Summer 2014. (Saint Louis: Concordia Seminary), 225-38.

su iglesia también es un crecimiento que implica el movimiento dinámico del evangelio. El mismo Espíritu Santo que consuela y anima a los creyentes guiándolos a la verdad (Jn 16:13) es el que guía a la verdad a los no creyentes de tal forma que por el conocimiento del perdón de los pecados que da la fe son consolados y animados. Así, por la predicación del evangelio la iglesia crece en calidad y cantidad: en buenas obras y en nuevos hijos engendrados por el Espíritu Santo (Jn 1:13; Hch 2:47).

Una vez más, la forma en que Lutero observa la obra del Espíritu Santo tiene que ver con la unidad necesaria entre cabeza y cuerpo. La santificación que obra el Espíritu Santo reúne dos medios necesarios y unidos; no quiere decir que puede ser uno o el otro, sino que ambos van juntos por la acción del Espíritu Santo: la comunidad santificada que encarna en su vida cotidiana el don del perdón de los pecados recibido y asimismo dado. "Estamos en la cristiandad, donde no hay sino remisión de los pecados bajo dos formas: Dios nos perdona y nosotros nos perdonamos mutuamente, nos soportamos y auxiliamos" (CM, II, 55). Esta es la dinámica fundamental del evangelio por la que la comunidad cristiana se nutre, vive, y anuncia las bendiciones recibidas. La iglesia como cuerpo de Cristo no puede hacer otra cosa que identificarse plenamente con la tarea de ser instrumental en el plan divino, asumiendo su rol de receptora de la acción divina (*vita passiva*) para estar al servicio del Dios trino, cuya voluntad es la redención por medio del perdón.

Esta pasividad o identidad receptora del poder divino queda en evidencia cuando entendemos que el Espíritu Santo es quien edifica la iglesia cuando ella se ejercita al escuchar el evangelio y al ser perdonada. Así el Espíritu Santo es el que da forma, progreso, y crecimiento a la misión en este mundo. Esta es la única forma sana en que la iglesia abraza la misión de Dios y la vive como propia porque es testigo privilegiado de tal acción poderosa: "El Espíritu Santo proseguirá su obra sin cesar hasta el día del juicio, instituyendo una comunidad en este mundo para eso, por la que él habla y hace todas las cosas; porque aun no ha reunido a toda su cristiandad, ni tampoco ha distribuido enteramente el perdón. Por eso, creemos en él, que por medio de la palabra diariamente nos busca, nos dona la fe y, también mediante la misma palabra y el perdón de los pecados, la acrecienta y fortalece, de modo que –cuando todas estas cosas hayan sido cumplidas y cuando habiendo permanecido firmes, estemos muertos para el mundo y libres de todo infortunio– él nos vuelva definitiva, perfecta y eternamente santos, lo que esperamos ahora por la palabra en la fe" (CM, II, 62).

Además, comprendemos que la acción del Espíritu Santo es continua y no se detiene, sino que en forma permanente acciona para la salvación, no solo en el seno de la iglesia cristiana, sino también por medio de ella pone en marcha todo tipo de acción concreta ("habla y hace todas las cosas") para la propagación del evangelio en todo el mundo hasta que se cumpla el tiempo, llegue el juicio final, y las promesas divinas sean una realidad, tanto en forma de vida como muerte eternas.

No haremos bien en pasar por esta porción del Catecismo Mayor sin antes comprender que nos ofrece una clave o lente de interpretación bíblica desde la cual se nos abre una renovada manera de entender que la misión de Dios es la que asume la iglesia y que su presencia instrumental en el mundo es la de enfatizar y enfocar el regalo bendito del perdón de los pecados como mensaje que se vive y comparte.[10] Asimilar la idea del perdón de los pecados o la absolución recibida como propiedad individual o un fin personal reduce el poder multiplicador que realmente tiene el perdón a una forma de traer calma a la conciencia del hijo de Dios, que por supuesto lo tiene y logra. Sin embargo, al hablar de poder multiplicador también nos referimos a que la libertad que este perdón concede no puede permanecer inerte o indiferente a las consecuencias evidentes que la palabra de Dios enseña claramente y produce.[11] El siguiente cuadro nos permite ver en forma organizada cómo las Confesiones conciben la misión de Dios, su vitalidad, permanencia, y necesarias consecuencias. También deja en evidencia que todo depende de la obra del Dios trino en la persona del Espíritu Santo.

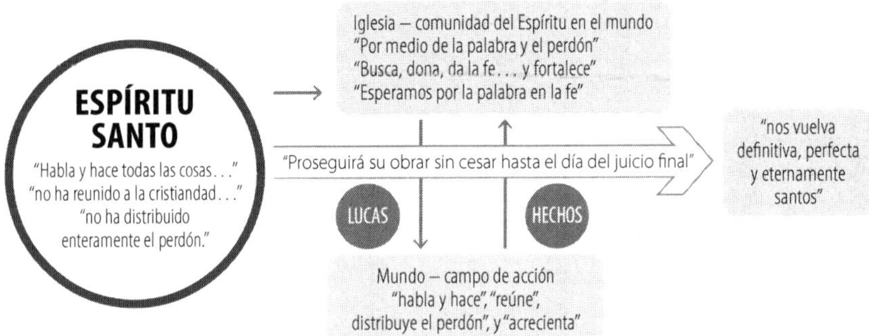

10 Así como entendemos que la justificación por la fe es el artículo por el cual la iglesia permanece o cae, ya que el fundamento de salvación es Cristo mismo entregando su vida por los pecadores, podemos afirmar que toda referencia al perdón de pecados se sostiene inevitablemente en la obra de Cristo y por lo tanto se aprehende por la fe en la promesa de este regalo bendito, así los relaciona Lutero: "La justicia del cristiano ha de llamarse, pues, 'perdón de los pecados'. Y este perdón debe entenderse no como una acción que se lleva a cabo en unos breves instantes, sino como una realidad de validez permanente, pero una realidad *en la cual hemos sido y estamos colocados*, no una realidad *que tuviera su origen en nosotros.*" En *Obras de Martín Lutero.* Vol. IX. (Buenos Aires: Editorial La Aurora, 1983), 113.

11 "Estas oraciones y estos pasajes se han escrito para beneficio nuestro; no para hacernos tardíos y remisos en la lectura, el oír y la meditación de la palabra de Dios, sino ante todo, para que demos gracias a Dios de todo corazón porque por medio de su Hijo nos ha librado de las tinieblas de la ignorancia y de la cautividad del pecado y de la muerte, y regenerado e iluminado mediante el bautismo y el Espíritu Santo" (FC, DS, II, 16).

Una cosa queda clara: es el Espíritu Santo el agente fundamental de la misión en el seno de la iglesia.[12] La iglesia es el instrumento por el cual el Espíritu Santo revela al mundo la verdad del evangelio por la predicación de la palabra de Dios, que es fundamentalmente el perdón de los pecados. Ahora, dentro de este marco empezamos a reconocer un patrón o forma "misional" de hablar en las Confesiones, que ofrece una sana forma de lectura del texto bíblico: el perdón de los pecados constituye el mensaje de salvación y establece el impulso misionero que la iglesia posee. Ambos van unidos, no se puede hablar de uno sin identificar lo que sigue al mismo. De la misma forma, nuestro Señor Jesús habló a la iglesia reunida después de su resurrección luego de abrir su entendimiento para comprender las Escrituras (Lc 24:45) y así darles claridad para unir el don del perdón que ellos disfrutan con el mensaje a ser predicado entre las naciones (24:47).[13]

El sentido escatológico de una tarea que nunca termina viene a completar el cuadro amplio que nos ayuda a ver que no hay descanso para la iglesia en tanto que el Espíritu Santo sin cesar observa más allá de la iglesia "los campos listos para la cosecha" (Mt 9:37-39). Esta mirada escatológica también ofrece seguridad y confianza al pueblo de Dios, pues en todo es el Espíritu Santo el que guía y ordena, su acción es definitivamente la que produce el fruto de crecimiento en cantidad ("acrecienta") y calidad ("fortalece") en la comunidad de creyentes, descartando toda influencia o capacidad humana por la cual este crecimiento pudiera ser posible.

Encontramos además una segunda imagen que surge dentro de la definición y explicación sobre qué es la iglesia. La iglesia es definida como el reino de Cristo: "esta iglesia es el reino de Cristo, a diferencia del reino del diablo" (Apl VII-VIII, 16). Una definición de la iglesia también puede elaborarse por oposición al establecer la realidad y existencia del "reino del diablo". Esta forma de hablar y referirse a dos reinos en oposición nos permite hablar de la misión en términos de confrontación y lucha. Igualmente, el determinar que la iglesia es el reino de Cristo, distinto al reino del diablo pero no diferenciado visible o externamente, permite afirmar un aspecto necesario para comprender la realidad de la iglesia: "Si la iglesia, que en verdad es el reino de Cristo, se distingue del reino del diablo, se sigue necesariamente que los impíos, como que están en el reino del diablo, no son la iglesia, aunque en esta vida, por no haberse manifestado

12 "En todo esto el Catecismo no menciona ni con una sola palabra nuestro libre albedrío o cooperación, sino que atribuye todo al Espíritu Santo, esto es, que mediante el ministerio de la palabra de Dios, nos lleva a la iglesia cristiana, en la cual nos santifica y nos hace crecer en la fe y las buenas obras" (FC, DS, II, 38).

13 "De esta forma la doctrina de la iglesia en su propia manera refleja las grandes dimensiones encarnacional y sacramental que moldean todo el evangelio bíblico." En Kurt Marquart. *Op.cit.*, 24.

aun el reino de Cristo, estén mezclados a la iglesia y desempeñen cargos en la misma." (Apl VII-VIII, 17).

Esta segunda imagen que define la iglesia como el reino de Cristo nos recuerda el marco de lucha y oposición espiritual que la iglesia sostiene diariamente. El reino del diablo no permanece pasivo frente a la predicación del evangelio. Los poderes espirituales de este mundo obran decididamente no para destruir el evangelio, pues ya establecimos que no hay poder en este mundo capaz de lograrlo ya que es poder de Dios (Ro 1:16). Sin embargo, los esfuerzos se vuelven contra la "predicación" del evangelio, destruyendo o invalidando a los mensajeros que confrontan al enemigo llevando este tesoro a oídos que no conocen la verdad de Cristo. Así que la lucha contra el evangelio se vuelve contra sus mensajeros, de tal forma que permanezca oculto al mundo. Es solo por causa de Cristo que la iglesia enfrenta al enemigo de la fe: "contra el diablo se necesita el poder de Cristo, es decir: Necesitamos de su poder para que, sabiendo que por causa de Cristo, Dios nos oye y nos da su promesa, pidamos la dirección y el apoyo del Espíritu Santo, a fin de que no erremos, siendo objeto del engaño ni cedamos al impulso de emprender algo en contra de la voluntad de Dios. Así lo enseña el Salmo 68:19: Cautivaste la cautividad, tomaste dones para los hombres. Porque Cristo venció al diablo, y nos dio la promesa y el Espíritu Santo, para que con el auxilio divino venzamos también nosotros" (Apl IV, 139). Ahora queda claro que, por causa de las promesas del evangelio, es posible que la iglesia toda ore al Todopoderoso para que la libre de la opresión de sus enemigos y le conceda la victoria de Cristo sobre Satanás (Col 2:14-15). De esta forma, las Confesiones destacan a través de dos imágenes bíblicas –cuerpo y reino de Cristo– la relación que el Señor establece con su iglesia para que, permaneciendo dentro de la dinámica del evangelio, sirva a la misión de Dios trino.

Lutero explica el Padrenuestro a la iglesia en misión

Para terminar de comprender el contexto de lucha y oposición que la iglesia cristiana, como cuerpo y reino de Cristo en la tierra, enfrenta real y cotidianamente, haremos un breve análisis de la explicación que hace Martín Lutero del Padrenuestro en su Catecismo Mayor. Este abordaje nos permitirá permanecer dentro del marco confesional propuesto, mientras que al mismo tiempo podremos destilar de su contenido el profundo sentido evangelístico que pone el Reformador en la interpretación y aplicación de las peticiones que encontramos en la oración que nuestro Señor dio a su iglesia.

Al repasar las tres primeras peticiones entendemos que se afirma aquello de lo que habla el apóstol Pablo en Efesios cuando nos recuerda que nuestra lucha no es contra carne y sangre (6:12). [14] Del mismo modo, no luchamos con armas hechas por mano humana o estrategias elaboradas en alguna mente humana que nos permita alcanzar la victoria. De esto también hablan los Salmos cuando confirman que no es la fuerza física (Sal 33:17), ni la estrategia humana (Sal 33:16) la que ayudará a los hijos de Dios, sino, quien efectivamente puede librar de la opresión, es el Espíritu Santo (Sal 77:12-15). Reconocemos la existencia de una lucha evidente, pero que no se libra con medios humanos, sino espirituales. [15]

Los enemigos del reino de Dios son espirituales, así como lo es el reino de Dios ("mi reino no es de este mundo" Juan 19:16). [16] Por eso invocamos el nombre de Dios en busca de auxilio y ayuda. [17] En la oración confiada el pueblo de Dios confiesa su fe en que no puede ni debe hacer nada fuera o aparte de la santa voluntad divina, sino que depende completamente de él en todo. [18] Pero al mismo tiempo, en esa misma convicción que

---

14 "Las tres primeras peticiones del Padrenuestro resumen el más profundo y último objetivo de la misión: 'santificado sea tu nombre, venga tu reino, hágase tu voluntad', Mateo 6:9-10." En Johannes Verkuyl. *Contemporary Missiology.* (Grand Rapids: Eerdmans, 1978), 198.

15 "Hemos de saber que toda nuestra defensa y protección reside solamente en la oración, puesto que somos demasiado débiles frente al diablo, su poder y sus adictos." CMa III, 30.

16 "El diablo azuza, instiga, y atiza para impedirnos, repelernos, abatirnos y volver a someternos a su poder. Esta es toda su voluntad, su propósito y su pensamiento. Lo persigue día y noche sin darse descanso ni un instante, usando todas sus artimañas, su perfidia, sus modos y caminos que él siempre puede imaginar." CMa III, 63-64.

17 "¿Crees que hasta ahora se habrían realizado cosas tan grandes, que se habrían repelido, reprimido los consejos de nuestros enemigos, sus propósitos, homicidios y rebeliones por los cuales el diablo ha pensado destruirnos junto con el evangelio, si como un muro de hierro no se hubiesen interpuesto las preces de algunas personas piadosas a nuestro favor?" CMa III, 31.

18 "La oración ocurre en una postura diferente: la persona no es agente activo, sino uno que suplica. Aun en teologías que conceden un lugar principal a la participación personal, sea por conocimiento o decisión, la oración rompe la pretensión religiosa, socavando los argumentos acerca de la autonomía y autosuficiencia. En definitiva, orar es pedir." En James Nestingen. "The Lord's Prayer in Luther's Catechism." *Word & World.* Volume 22, Issue 1. Winter 2002. (Saint Paul: Luther Seminary), 42.

proviene de la fe, se entrega humildemente a servir a su Señor encarnando en acción el fruto de sus oraciones.

En la primera petición se pide que el nombre de Dios sea santificado por sus hijos de tal forma que tanto sus palabras como sus acciones reflejen tal filiación de forma inconfundible. Pero con mayor claridad se entiende que el nombre de Dios no es santificado de la forma en que cada uno considere que así pueda hacerlo, sino siempre en relación directa con lo que Dios mismo concede para santificarnos, es decir los medios de gracia,[19] fundamentalmente la Palabra, ya que por ella la iglesia predica al mundo la revelación del nombre de Cristo por quien tenemos redención, es decir perdón de pecados (Ef 1:7, Col 1:14). Jesús mismo santificó el nombre de su Padre, no solo cuando oró en su ministerio, sino también cuando predicó el evangelio, llamando a la fe, al arrepentimiento, y ofreciendo el perdón de pecados.[20] El nombre de Dios es santificado cuando su pueblo oye y recibe su evangelio predicado y entregado en los sacramentos de forma tal que su poder cumple el propósito para el que fue dado.[21] Además, dentro de este reconocido marco de oposición, el pedido por el nombre de Dios revelado en su Palabra y hecho mensaje por la iglesia cristiana también reconoce tres obstáculos (dos internos y uno externo) que debe enfrentar, y a los cuales Lutero se refiere claramente. Primero, cuando los falsos predicadores niegan y pervierten la palabra de Dios, pero lo hacen en su nombre. Segundo, cuando los cristianos que conocen el evangelio de salvación no lo reciben ni viven con alegría y gratitud al compartirlo, es decir, al comunicarlo. Finalmente, la Palabra que predica la iglesia llega a una sociedad sobrepoblada de "otros mensajes y palabras" que buscan encontrar un oído dispuesto con sus afirmaciones, demandas, y promesas.[22] En este sentido, la iglesia cristiana que reconoce su vida y futuro íntimamente ligada a la comunicación del evangelio entenderá que al orar para que el nombre de Dios sea santificado necesita enfocar sus esfuerzos en sostener la sanidad de su mensaje, la coherencia de sus acciones y por último, la certeza que debe confrontar a la sociedad con una Palabra segura que encuentre la forma de ser oída sin callar ante las imposiciones o amenazas que la rodean. Pedir

19 "...cuando nuestra doctrina y nuestra vida son divinas y cristianas." CMa III, 39.

20 "Él nunca habló una palabra sin sentido. Cuando usó el nombre de su Padre, fue con el propósito de orar o de hablar con otras personas acerca de Dios." En J. Reu. *An Explanation of Dr. Martin Luther´s Small Catechism.* (Minneapolis: Augsburg Publishing House, 1947), 48.

21 "...es una oración por la escucha fiel de la palabra de Dios, en su forma predicada y sacramental. Al mismo tiempo es una oración que la palabra de Dios hará lo que hace, dando forma a la fe y la vida dentro de nosotros. De esta forma, la petición recuerda tanto al segundo como el tercer mandamiento, pidiendo que se cumplan en nosotros." En Nestingen. *Op. Cit.*, 43.

22 CMa III, 46-48.

que el nombre de Dios sea santificado equivale a pedir que él mismo nos conceda oportunidades para predicar el evangelio.

En la segunda petición, se observa con mayor fuerza el impulso misionero que esta oración posee en la explicación que Lutero nos ofrece ya que establece que los cristianos oran para que el reino de Dios se extienda tanto en calidad, por la preservación y fortalecimiento de la fe de sus hijos, como en cantidad, de modo que un creciente número de personas también pueda recibir la fe y por ella todas las promesas que en Cristo poseen los hijos de Dios.[23] De esta forma, queda muy claro que en la oración de la iglesia existe un impulso misionero necesario y suficiente para comprender que aquello por lo que todos oran también es lo que Dios establece como tarea común inalienable de la iglesia, y por ende de cada cristiano. Además, se suma al impulso comunitario el sentido de urgencia y deseo de consumación de los tiempos para el cual es necesario estar preparado: unidos, nutridos, y fortalecidos.

El reino de Cristo en los corazones de los cristianos no forma un vínculo único con el Redentor, sino también una multiplicidad de vínculos entre quienes comparten el bien común como cuerpo de Cristo. La realidad del cuerpo de Cristo también unifica bajo una visión del rol que le corresponde a cada uno y asegura las bendiciones o los beneficios recibidos constantemente por él mismo. Puesto en términos de vivencia comunitaria de la fe, cobra mayor sentido la expresión de Melanchton que dice: "Esto significa conocer a Cristo: conocer sus beneficios",[24] porque estos beneficios solo se conocen viviendo en la comunión de la santa iglesia cristiana. El claro aspecto misional de la petición nos ayuda a observar que Lutero considera la misión como la intersección del obrar del Espíritu Santo por medio de la Palabra en el mundo y la comunidad de creyentes, en la que el mismo Espíritu Santo está presente (dándole vida) por medio de la Palabra (CA V). En otras palabras, la misión de la iglesia no es otra cosa que predicar la Palabra de Dios con el propósito que la misma sea creída en todo el mundo (Ro 1:16), de forma tal que permanezca entre los que creen para constituir una comunidad que sigue oyendo la predicación

23 "Y para que entre otras personas obtenga aplauso y adhesión y se extienda poderosamente por el mundo, a fin de que muchos vengan al reino de gracia y sean partícipes de la redención conducidos por el Espíritu Santo, y para que todos nosotros quedemos eternamente en un reino que ha comenzado ahora. La venida del reino de Dios hacia nosotros se realiza de dos maneras: primero aquí, temporalmente, por la palabra y la fe; segundo, eternamente por la revelación. Ahora pedimos ambas cosas, que venga a aquellos que aun no están en él y a nosotros que lo hemos alcanzado, por el incremento diario y para lo futuro en la vida eterna." CMa III, 52-53.

24 Felipe Melanchton. *Loci Communes*. Trad. René Kruger y Daniel Berós. (Buenos Aires: Inst Universitario ISEDET, 2011), 37.

hasta el día final. Así, el reino de Cristo se eleva en victoria sobre el reino de Satanás.[25]

En este esquema de lucha y acción Lutero entiende que nuestra presencia en el campo de batalla es meramente circunstancial y al mismo tiempo funcional al poder del evangelio que nos moviliza.[26] Los verdaderos enemigos que se enfrentan son Satanás y sus engaños (imitando la obra de Dios, pervirtiendo la Palabra, causando divisiones, etc.) y el evangelio mismo.

No podemos decir que sea Satanás contra la iglesia, lo cual haría dependiente del plano humano la resolución de la lucha. De hecho, la misma institución humana llamada iglesia puede ser, como su historia lo demuestra, el mejor aliado de Satanás, toda vez que deje de estar bajo la autoridad del evangelio y se enseñoree de él para alcanzar propósitos mundanos (a esto se refiere la primera petición). Lutero entiende y aplica esta comprensión de lucha y confrontación con el evangelio, que es Cristo mismo, pues "extirpando o pervirtiendo" el evangelio automáticamente cae la predicación, la iglesia, y todo sustento para la misión.[27]

El libro de Hechos nos recuerda esta verdad de lucha y confrontación directa con el evangelio de poder cuando a modo de estribillo y cierre de diferentes secciones afirma que la palabra del Señor crecía y por su predicación la iglesia aumentaba numérica y geográficamente:[28]

---

25 "Amado Padre, te pedimos que nos des primero tu palabra para que el evangelio sea predicado rectamente por todo el mundo; segundo, que también se acepte por la fe y actúe y viva en nosotros, de manera que tu reino se ejerza entre nosotros por la palabra y el poder del Espíritu Santo y se destruya el reino del diablo para que no tenga ningún derecho, ni fuerza sobre nosotros..." CMa III, 54.

26 "Donde algún cristiano piadoso pide: "Amado Padre, hágase tu voluntad, él, en los cielos dice: "Sí, hijo amado, por cierto será y sucederá así, pese al diablo y al mundo entero." CMa III, 32.

27 "...aunque el diablo con todos sus adictos... se agiten y traten de extirpar del todo el evangelio." CMa III, 68.

28 "Lucas desea dejar en claro que el progreso de esta fe no era un asunto de planificación humana; sino que era controlado por la agencia divina." En F. F. Bruce. *The Book of the Acts.* (Grand Rapids: Eerdmans, 1954), 24. Además, "Mediante la repetición del mismo asunto o dicho, busca enfatizar y adelantar la causa del evangelio..." "...dondequiera que los apóstoles encuentran oposición, el evangelio es predicado y florecen las iglesias. Los esfuerzos de Satanás por bloquear la divulgación del evangelio no solo son fútiles; sin lugar a dudas, ayudan al crecimiento de la iglesia." En Simon Kistemaker. *Hechos.* (Grand Rapids: Libros Desafío, 1996), 32, 38.

CONTEXTO DE OPOSICIÓN	TEXTO
Iglesia de Jerusalén – Conflicto interno y murmuración en la congregación.	Hch 6:7 – Conforme crecía el conocimiento de **la palabra del Señor,** se multiplicaba también el número de los discípulos en Jerusalén, y aun muchos de los sacerdotes llegaron a creer.
Iglesia de Jerusalén – Judea-Samaria Persecución de Herodes (martirio de Santiago y encarcelamiento de Pedro)	12:24 – Mientras tanto, **la palabra del Señor** seguía extendiéndose y multiplicándose.
Iglesia de los gentiles – Rechazo de los judíos y quiebre de barreras étnico-religiosas.	13:49 – Y **la palabra del Señor** se difundía por toda aquella provincia.
Iglesia de los gentiles – Rechazo de los judíos, confrontación de poderes espirituales (sanación y expulsión de demonios)	19:20 – Y fue así como **la palabra del Señor** fue extendiéndose y difundiéndose con mucha fuerza.

La palabra de Dios es sujeto de acción[29] en la misión de la iglesia y, por lo tanto, el enemigo del evangelio se vuelve enemigo de los que viven por él y lo anuncian. Este sentido de oposición y enemistad ocurre en todos los órdenes de la vida y la iglesia (así como cada hijo de Dios) debe incorporar esta lente de interpretación de la realidad en su cosmovisión para no verse ingenuamente sorprendida frente a la tentación y los ataques evidentes de Satanás.[30]

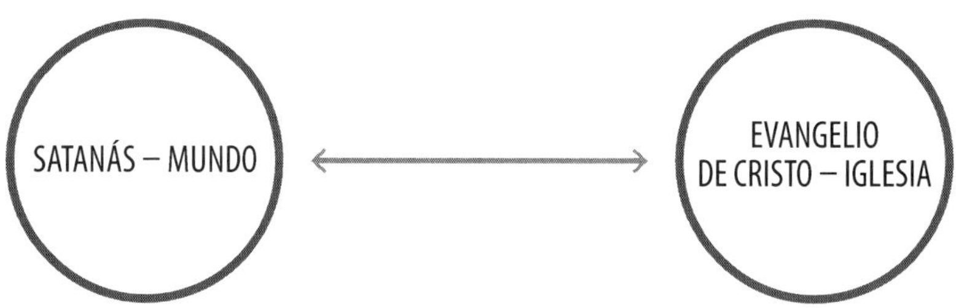

Ahora, sobre la tercera petición Lutero observa que hay una consecución [secuencia] natural de temas ya que el nombre y el reino de Dios no se manifiestan en el mundo aparte de su propia voluntad redentora (1 Ti 2:4),

---

29 "Pues el evangelio es el "mensajero" que precede al postrer día, así como Juan Bautista fue el mensajero que precedió a Cristo." En *Obras de Martín Lutero.* Vol. IX, 107.

30 "El conflicto entre Dios y Satanás es experimentado en la creación, en los corazones de los hombres y en la iglesia de Cristo. Para el trabajo misional es importante darse cuenta que la iglesia es empujada a este conflicto cósmico y que Satanás ataca sobre todo a la Palabra y la fe… sería difícil encontrar a alguien en la historia de la teología que refleje tanto como lo hizo Lutero sobre las condiciones de la fe y de la iglesia en el mundo en el cual Satanás lucha contra el reino de Cristo." Ingemar Öberg. "Mission and Salvation History in Luther and the Confessional Writings." En *Lutheran Contributions to the Missio Dei.* (Ginebra: LWF, 1984), 36.

por la cual el evangelio es predicado y creído, engendra fe por la acción del Espíritu Santo y libera del poder de Satanás. En esta secuencia natural, que encontrará su expresión final en la séptima petición ("líbranos del mal"), se debe prestar atención al simple hecho que la lucha no termina cuando se llega a la fe, sino que comienza y se desarrolla en forma permanente y no terminará, al menos mientras vivamos en este mundo.[31] Mientras que la voluntad de Dios es dar vida a través de su Hijo Jesús, debemos reconocer que la voluntad que se opone y que identificamos como enemigos de la fe (pecado, muerte, y Satanás), son los poderes que obran en nuestra sociedad para imponer una cultura de muerte, caos, y destrucción.[32] Identificamos una búsqueda constante de imponer una visión desesperanzada y que desespere sobre la vida humana en la que la muerte es el final de todo, y que además controla el día a día en las múltiples formas que la humanidad pueda generarla (Ro 6:23a).[33]

Tal confrontación entre la iglesia y los poderes mundanos que buscan destruir el nombre y el reino de Dios queda definida como "la bienamada santa cruz".[34] Esta forma de referirse a la oposición por causa del evangelio aparecerá nuevamente en Lutero cuando elabore sobre las marcas de la iglesia e identifique a la séptima de ellas con la cruz, como expresión visible de la verdadera iglesia cristiana, en oposición a la institución que se acomoda a la cultura y las exigencias del momento para evitar el precio a pagar por ser voz profética, la voz de Cristo en la sociedad.[35] La iglesia cristiana carga su cruz cuando predica el evangelio, cuando evangeliza y enseña la palabra de Dios a todos, por eso sufre. Lo que Lutero pone en términos individuales: "nadie debe pensar...", también adquiere una dimensión comunitaria: la iglesia no debe pensar que no encontrará rechazo, indiferencia, y hasta las pérdidas más dolorosas

31 "Habiendo pedido por lo más necesario, es decir, el evangelio, la fe y el Espíritu Santo para que nos dirija y nos libere del poder del diablo, también hemos de pedir que se haga su voluntad. Acontecerá algo muy extraño si debemos permanecer en ello; o sea, tendremos que padecer muchos ataques y golpes por parte de todos aquellos que tratan de resistir y dificultar los dos artículos precedentes." CMa III, 61.

32 "Nos consolamos e insistimos en que la voluntad y el propósito del diablo y de todos nuestros enemigos tengan que perecer y deshacerse, aunque piensen estar orgullosos y poderosos. Si no se quebrantara y coartara su voluntad, el reino de Dios no podría permanecer en la tierra ni santificarse su nombre." CMa III, 70.

33 Nestingen. *Op. Cit.*, 44.

34 "Allí donde la palabra de Dios es predicada, aceptada o creída y da frutos, no faltará la bienamada santa cruz. Nadie debe pensar que tendrá paz, sino que ha de sacrificar cuanto posee en la tierra: Bienes, honor, casa y hacienda, mujer e hijos, cuerpo y vida." CMa III, 65.

35 "En séptimo lugar se conoce exteriormente al santo pueblo cristiano por la cruz que Dios le impone como divino medio disciplinario, a saber, el santo pueblo cristiano tiene que sufrir toda suerte de desgracias y persecuciones, de tentaciones y males (como reza el Padrenuestro) por parte del diablo, del mundo y de la carne... a fin de que llegue a asemejarse a su Cabeza, Cristo." En *Obras de Martín Lutero*. Volumen VII. (Buenos Aires: Editorial La Aurora, 1977), 265.

(Mc 13:12; Mt 10:35; Lc 12:52-53) toda vez que busque permanecer fiel al evangelio y por lo tanto se dedique a su predicación. Otro aspecto que nos aclara Lutero es que cada petición, como expresión de fe, no provoca la acción divina, sino que es reflejo de una consonancia evidente de la mente renovada y santificada por el Espíritu Santo que continúa en su iglesia ("Enséñanos a orar" Lc 11:1) el ministerio profético de Cristo cuando instruyó ("Cuando ustedes oren, digan..." Lc 12:2) a sus discípulos para que oren conforme a la fe y de esta manera "todo lo que pidan al Padre les sea concedido" (Jn 15:7, 16).[36]

En la cuarta petición observamos que se ofrece un sentido claro para tal providencia divina y abundancia de bienes en esta vida terrenal para los cristianos.[37] Primeramente, en este marco de pedir por aquello que Dios ya ha determinado conceder, se reconoce que la misma fe que pide por los aspectos más espirituales y permanentes de la nueva vida en Cristo es además capaz de esperar que la provisión divina se manifieste también en lo más cotidiano y olvidable de este mundo: el pan de cada día. La fe que espera la consumación final del reino de Dios confía en que el Todopoderoso le concederá tranquilidad y satisfacción en las necesidades materiales (Sal 104:14-15; Pr 30:7-9).

Hay un propósito divino que encuadra las bendiciones materiales como medios a través de los cuales las peticiones anteriores, así como las posteriores, encuentran motivo de sustento y además un corazón agradecido. Recordamos que la ingratitud es una marca o consecuencia de la incredulidad, junto con la idolatría y toda otra clase de pecados evidentes ("...no lo glorificaron como a Dios, ni le dieron gracias..." Ro 1:21). Por lo tanto, una parte esencial de la confesión de fe y testimonio cristianos se relacionará con mostrar un espíritu agradecido y por lo tanto un uso o mayordomía de todos los bienes recibidos acorde a la fe que se profesa, trascendiendo la satisfacción personal hacia la búsqueda del bienestar de nuestro prójimo.[38]

Además, de este reconocimiento agradecido, Lutero relaciona el bienestar y la tranquilidad material de la sociedad con la posibilidad de

---

36 "En estas peticiones, tenemos en la forma más simple la necesidad en cuanto concierne a Dios mismo. No obstante, lo que pedimos es todo por causa nuestra, pues se trata solamente de nosotros, a saber, como queda dicho, que también se efectúe en nosotros lo que de todos modos se efectúa aparte de nosotros." CMa III, 68.

37 "Por lo tanto, debes abrir tus pensamientos y extenderlos no solo sobre el horno y el harinero, sino sobre el campo abierto y sobre toda la tierra que produce el pan de cada día y toda suerte de alimentos y nos los brinda. Si Dios no lo hiciera crecer, lo bendijera y lo conservara en el campo, jamás sacaríamos pan del horno, ni tendríamos qué poner en la mesa." CMa III, 72.

38 "Existen dones que son dados con tal abundancia que la realidad de injusticia y desigualdad puede reconocerse con una confiada expectativa de lo bueno." En Nestingen, *op.cit.*, 46.

desarrollar un entendimiento y vínculo pacífico con el prójimo, lo cual evidentemente también concederá la oportunidad de dar testimonio de la fe que agradece al único y verdadero Dios tal bienestar. En este sentido, la oración por la paz social y el esfuerzo de los gobernantes para preservarla es tarea de la iglesia cristiana (ver Ti 2:1, además Jer 29:4-7).[39]

Nuestro interés en la predicación del evangelio puede contemplar una búsqueda necesaria de generar paz social y el bienestar físico de las personas. Donde haya cristianos orando, los planes del enemigo serán refrenados y el evangelio podrá ser predicado con mayor amplitud.[40]

La quinta petición nos lleva al plano de las relaciones esenciales en la vida humana y la forma de preservarlas sanamente. Una vez más y como característica recurrente el perdón de los pecados no queda sujeto a nuestra capacidad de perdonar, como condición o exigencia, sino que permanece como don inmerecido de Dios para sus hijos que siguen sujetos a la condición pecadora (al igual que la sexta y séptima peticiones).[41] Esta petición destaca la realidad de la iglesia como fruto de la Palabra (*creatura verbi*) predicada, y su condición paradójica de ser simultáneamente justa y pecadora (*simul justus et peccator*), es decir, constante recepción y búsqueda del perdón prometido.[42]

---

39 "Para explicarlo brevemente, esta petición comprende cuanto corresponde a toda esta vida en el mundo, porque solo por ella necesitamos el pan cotidiano. No solamente concierne a toda la vida en el mundo que nuestro cuerpo tenga el alimento y el vestido y otras cosas necesarias, sino también que en **tranquilidad y paz nos entendamos con las personas entre las cuales vivimos y con quienes tenemos relaciones en el diario comercio y trato y en toda clase de cosas**; en suma, todo lo que atañe a las relaciones domésticas y vecinales o civiles y al gobierno." CMa III, 73 (énfasis mío).

40 "No le es suficiente con obstaculizar y aniquilar el orden espiritual, al seducir y someter a su poder las almas por sus mentiras, sino que dificulta e impide también que subsista algún gobierno y orden honorable y pacífico de vida. Causa tanta contienda, homicidio, rebelión y guerra, como asimismo tempestad y granizo para arruinar los cereales y el ganado, envenenar el aire, etc. en suma, le duele que alguien tenga un bocado de pan de Dios y lo coma tranquilo. **Si estuviera en su poder y nuestra oración a Dios no lo refrenara,** por cierto no tendríamos ningún tallo en el campo, ningún céntimo en la casa y no viviríamos ni una hora de la vida, **sobre todo los que tienen la palabra de Dios y quieren con gusto ser cristianos.**" CMa III, 80-82 (enfasis mío).

41 "No es que no nos remita el pecado sin y antes de nuestra petición, por cuanto nos ha dado el evangelio, en el cual hay mero perdón antes de que lo hayamos pedido y jamás pensado en él. Mas se trata de que reconozcamos tal perdón y lo aceptemos. Porque la carne, en la cual cotidianamente vivimos, es de tal índole que no confía ni cree en Dios y siempre promueve malas concupiscencias e insidias, de manera que todos los días pecamos con palabras y obras, con acciones y omisiones, lo que lleva a perder la paz de la conciencia que teme la ira y la pérdida de la gracia de Dios y de este modo pierde el consuelo y la confianza que otorga el evangelio. De esta forma, es necesario sin cesar acudir a la oración y buscar consolación para levantar nuevamente la conciencia." CMa III, 88-89.

42 "A esta oración se ha agregado tal signo para que al pedir recordemos **la promisión** pensando así... para que deba ser tan seguro como si yo tuviera **una absolución pronunciada por ti mismo**. Tanto como obran el bautismo y el sacramento, puestos exteriormente como signos, tanto vale también este signo para fortificar nuestra conciencia y alegrarla, y se ha puesto antes de los demás signos para que podamos usarlo a toda hora y ejercerlo como algo que siempre tenemos entre nosotros." CMa III, 97-98 (énfasis mío).

Vista de esta manera, la petición ofrece un eco de la tercera en la que pedimos que se haga la voluntad de Dios, reconociendo que nuestra propia naturaleza carnal se opone a aquello por lo que pide la espiritual (voluntad divina). Esto significa que en la iglesia cristiana también persistirán hasta el final dos inconsistencias: primero, las excusas para no predicar el evangelio del perdón a todos, en consonancia con las excusas para no perdonar a quienes pecaron contra nosotros. Sin embargo, como ya fuimos exponiendo, el compromiso de predicar el evangelio en un contexto que será hostil debe ir acompañado de la convicción de perdonar a los que obran contra nosotros por causa del evangelio, ya que un corazón resentido y amargado por ofensas pasadas nunca podrá insistir en el testimonio de la verdad y libertad que Cristo nos concede para sobreponernos incluso al más tenaz enemigo del evangelio. Nuevamente, esta petición nos llama a la humildad del que necesita y pide, no solo frente a Dios, sino frente al prójimo. El perdón de los pecados ejercitado en las relaciones personales concederá oportunidades para testimoniar de Cristo, con mayor claridad entre los incrédulos.[43] El consuelo que trae a nuestros corazones el perdón será también el que genere confianza para compartir el evangelio que libera. La libertad que Cristo concede por el evangelio se manifiesta en vida y testimonio.[44] Por eso Lutero habla de "una conciencia alegre e intrépida" sustentada en una recta relación con Dios, que confía en el cumplimiento de la promesa divina y entonces encarna tal seguridad y confianza frente al mundo. Puesto de otra forma, aquí se manifiesta el sacerdocio de los creyentes intercediendo por el perdón de las naciones, toda vez que anuncie las obras maravillas de Dios (1 P 2:9). Podemos preguntarnos: ¿Cómo se manifiestan esta alegría e intrepidez en la vida de los cristianos? En este caso nos resulta de gran ejemplo el testimonio de los primeros cristianos que con alegría y sencillez permanecieron en comunión y testimonio constante al punto de no poder dejar de decir lo visto y oído frente a una audiencia intimidante que ejerció violencia sobre ellos (Hch 3:18-21; 5:18, 40-41). El perdón de los pecados, que es

---

43 "El perdón, recibido y dado, socava las estructuras del reino del mal y establece una nueva comunidad que prefigura y encarna, dentro de la historia humana, la venida del reino de Dios. El perdón es central a la misión de Dios y la misión del pueblo de Dios." En Henry French. "The Lord´s Prayer: A Primer on Mission in the Way of Jesus." *Word and World*. Volume 22, Issue 1. Winter 2002. (Saint Paul: Luther Seminary), 25.

44 "El sentido de esta petición es que Dios no quiere mirar nuestros pecados, ni considerar lo que diariamente merecemos, sino que nos trata con misericordia y nos perdona como ha prometido. De este modo nos concederá una conciencia alegre e intrépida para presentarnos ante él y dirigirle nuestras peticiones. Cuando el corazón no está en la recta relación con Dios, ni puede lograr tal confianza, ni jamás se atreverá a orar. Semejante confianza y tal corazón feliz no pueden venir de ninguna parte, a menos que se sepa que nuestros pecados nos han sido perdonados" (CMa III, 92).

la libertad concedida por Cristo, genera una *martyría* (testimonio de vida) inconfundible para el mundo.[45]

Pasando a la sexta y séptima peticiones, las cuales pueden considerarse como una unidad de tema (preservar la fe) y alcance escatológico (hasta el fin), nuevamente vemos que Lutero considera una realidad inescapable la lucha y oposición que enfrenta la iglesia cristiana por causa del evangelio cuando afronta al mundo con su mensaje, especialmente en vista del horizonte cercano del fin.[46] Como fue mencionado en cuanto a la petición anterior, una vez más aflora la identificación de la iglesia santa y pecadora, en la cual pervive una constante necesidad del cuidado divino por medio de la Palabra.[47] También nos remite a la tercera petición que nos recuerda sobre la buena voluntad de Dios que impide todo plan perverso en su contra, la misma voluntad que obra para que el evangelio sea predicado al mundo pecador. En estas peticiones se identifica un sentido profundamente espiritual ya que tanto la tentación como el mal y sus agentes no buscan otra cosa que destruir la fe llevando al orgullo espiritual y la desconfianza de Dios y sus promesas. Así, la tentación y el mal mayor que puede sufrir un hijo de Dios y su iglesia es el pecado contra el primer mandamiento: tener otros dioses. Las referencias hacia la superstición o renegar contra Dios son evidencias de este pecado.[48] La tentación en los tiempos antes del fin buscará socavar la fe de tal forma que sea eliminada. La persecución violenta será acompañada también por una valiente predicación del evangelio y la oportunidad de dar testimonio en todo lugar.

---

45 "Lutero empieza... entendiendo el perdón no tanto como un remedio terapéutico para la culpa, sino como la libertad de entrar en relación con el Creador y la criatura sobre la base de la gracia. En su vocabulario, perdón, justificación, y libertad son sinónimos. Solo sobre tal fundamento puede vivir una persona aun con todas las contradicciones, desencantos, y búsquedas ilusorias." En Nestingen. *Op. Cit.*, 46.

46 "Aquí no se piensa en verdad en las pequeñas tentaciones y ayuda en cuanto a los golpes de la vida cotidiana, sino por el contrario en ser protegidos en la última batalla entre Dios y Satanás, entre Cristo y el Anticristo. Así como la historia del pueblo de Dios y del mismo Hijo de Dios es una constante cadena de tentaciones, todo corre hacia la 'gran tribulación' (Marcos 13:19), que anticipa el veredicto final. En esta doble petición, la manada pequeña se refugia en la promesa divina: 'te protegeré a la hora de la prueba, la cual vendrá sobre el mundo entero para poner a prueba a cuantos habitan en la tierra' (Apocalipsis 3:10)." En Albrecht Peters. *Commentary on Luther´s Catechism. Lord´s Prayer.* Volume 5. (Saint Louis: Concordia Publishing House, 2011), 175.

47 "La Petición final trae la oración a su cierre. Identifica la paradoja dentro de la cual viven aquellos que oran esta oración. Lutero captó esta paradoja en su famoso *simul justus et peccator*, la paradoja de ser simultáneamente justo y pecador... los seguidores de Jesús permanecen como ciudadanos de un mundo donde la existencia del mal continúa tentándolos al mal." Henry French. Ídem anterior.

48 "A esto se agrega que viene el diablo, azuza y provoca por todas partes. Pero, principalmente se dedica a lo que concierne a la conciencia y a las cosas espirituales, es decir, que se arroje y se desprecie tanto la palabra como la obra de Dios. Así trata de arrancarnos de la fe, de la esperanza y de la caridad, de llevarnos a la superstición, falsa arrogancia y obstinación o, por otra parte, a la desesperación, a la renegación y blasfemación de Dios y a otras innumerables cosas aborrecibles." CMa III, 104.

El sostén divino en medio de tal situación y la guía del Espíritu Santo traerán consuelo y una respuesta clara a esta petición (Mc 13:9-13).

Cuando la iglesia se involucra en el mundo, reconoce su situación y predica el evangelio identificará también tentaciones y males concretos, profundamente arraigados en medio de la gente donde anuncia a Cristo. Allí, se verá tentada principalmente a ceder ante hábitos o costumbres pecaminosas que necesitan ser confrontadas con la ley. Al mismo tiempo, tendrá que mantener el equilibrio para no caer bajo la tentación de despreciar la cultura y las costumbres, por el solo hecho de ser diferentes a las propias. En todo caso, la comunidad de creyentes –y cada uno en particular– necesita encarnar en sí mismo y para otros la mirada compasiva de Cristo de tal forma que no sea piedra de tropiezo u obstáculo para otros, ni permanezca bajo el mal del cual ansiamos que sean liberados y por lo cual también oramos.

El punto de partida

En este capítulo pudimos explorar porciones de las Confesiones Luteranas con el propósito de identificar los lineamientos que nos ayudan a construir una aproximación a la teología de la misión. El recorrido nos ayudó a encontrar un punto de partida sano para hablar de misión y proveer principios para desarrollar, desde la definición de iglesia y la vida de las comunidades cristianas locales, una comprensión que se enfoque principalmente en la palabra de Dios como revelación no solo de la voluntad divina, sino también de la condición humana.

Al analizar la forma en que Martín Lutero explica el Padrenuestro en el Catecismo Mayor, también afirmamos el profundo interés que él tenía en que el evangelio prevalezca en la vida de la iglesia en su predicación y vivencia diaria. Además, nos ayuda a entender que, así como el evangelio es dinámico, la fe también provoca una vida nueva que refleja la gracia divina en medio de la oposición y contradicción que implica ser parte del reino de Cristo en lucha constante con el reino de Satanás. Dentro de este esquema, leemos las tres primeras peticiones del Padrenuestro considerando la necesidad y urgencia que el mundo tiene de estas tres acciones. En cada petición identificamos una negación o ausencia implícita, es decir una acción incompleta, pero en desarrollo. De esto se trata también la misión: una tarea completa en sí misma por la obra de Cristo, pero que aún no se revela plenamente en la vida de todos los que han de sumarse a su reino. Este es el sentido y motivo escatológico de la misión que genera tensión y desafío en la vida de la iglesia. Por eso, destacamos tres aspectos centrales que la iglesia tendrá en cuenta cuando ora por la misión:

La iglesia permanece ante la presencia de Dios (hoy y en la eternidad), solo confiando en Cristo y su obra. Solo por él puede orar como imploran hijos amados a su Padre eterno para que le conceda entendimiento y habilidad para sostener el evangelio sobre todas las cosas.

Reconoce una lucha contra el enemigo que busca el caos general y en particular extirpar el evangelio de los corazones para destruir el fundamento de la iglesia.

Intercede constantemente por el bienestar y cuidado del orden establecido por el Creador, a través del cual provee diaria y abundantemente a todos, y juntamente con esto oportunidades para anunciar el evangelio.

Entendida de esta forma, una sana teología de la misión también nos orienta hacia un compromiso con una oración que contempla misionalmente la plenitud de estas peticiones en la consumación del reino de Dios, por medio de la resurrección y el juicio final para vida eterna.

Principios teológicos

La iglesia es el cuerpo de Cristo; su existencia y presencia en el mundo solo pueden entenderse a la luz de la obra redentora de Cristo y los beneficios que entrega.

La iglesia de Cristo no es una asociación humana de voluntades que concuerdan en un propósito, sino que es el reino de Cristo en los corazones de personas en particular que, aun reconociendo sus diferencias humanas, son capaces de reconocer con mayor convicción el llamado de su Señor a reunirse en comunidad alrededor de los medios de gracia por él dados.

La centralidad del evangelio en la vida de la iglesia es el poder de Dios trino en acción para movilizarla a cruzar los límites necesarios hacia los lugares y personas donde no ha llegado la predicación del mismo.

La iglesia se encuentra en constante lucha, en dos frentes: interno y externo. Internamente debe reconocer su humanidad y realidad pecadora. Externamente debe reconocer que la enemistad contra el evangelio significará para cada cristiano persecución y martirio (más allá de la forma que tome).

La iglesia confiesa su fe al mundo cuando ora conforme a la palabra de Dios, de tal forma que el evangelio la impulsa en la predicación y el testimonio.

Principios de acción

La predicación del evangelio no puede limitarse a momentos particulares en la vida de la iglesia, sino que necesita comprenderse como una manifestación constante y voluntaria de la fe redentora en la vivencia de los hijos de Dios.

La predicación y enseñanza del evangelio deben preparar a los hijos de Dios para enfrentar la lucha que significa pertenecer al reino de Dios (ver arriba el cuarto principio teológico).

La predicación y enseñanza del evangelio movilizan conscientemente a los hijos de Dios para hacer pública la verdad, que es justicia de Cristo para perdón de pecados.

La predicación y enseñanza del evangelio contemplan la vida cristiana como una realidad espiritual conectada a todo lo que ocurre a nuestro alrededor (no separa lo espiritual de lo terrenal).

La predicación y enseñanza del evangelio estimulan a la oración constante en forma comunitaria, familiar, e individual.

La predicación y enseñanza del evangelio estimulan a la oración intercesora frente a Dios por la paz y el bienestar social de todos, de forma tal que se generen nuevas oportunidades para compartir el mensaje de la salvación.

Capítulo tres

MISSIO DEI – MISSIO ECCLESIAE

El análisis de pasajes bíblicos seleccionados, así como de ciertas porciones de las Confesiones Luteranas nos lleva a establecer relaciones evidentes entre la obra redentora de Jesús, el evangelio, la existencia de la iglesia (cuerpo de Cristo) y su relación en el mundo; es decir, el sentido escatológico de una acción en el mundo que siendo completa en sí misma, aun demanda continuidad. A partir de estas relaciones y esta interacción continuas establecemos las bases para definir la misión de la iglesia y una teología de la misión que nos permita preservar la certeza del envío de Dios al mundo, así como la convicción de realizar esta tarea conforme a la voluntad salvífica del único Dios Padre, Hijo y Espíritu Santo. Estas relaciones las podemos graficar de la siguiente forma:

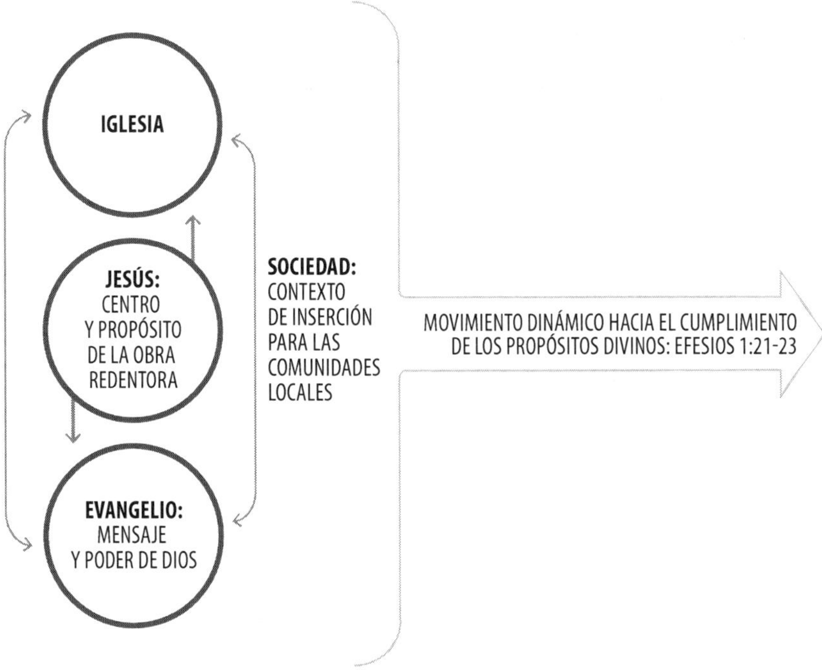

La misión de Dios considerada desde las relaciones entre sus componentes fundamentales para establecer la funcionalidad del tema "*missio Dei*" y "*missio ecclesiae*" en el desarrollo de una reflexión teológica sobre la misión.

En un sentido amplio, el concepto *missio Dei* (literalmente *envío de Dios*, o para el tratamiento de nuestro tema *Dios en misión*) hace referencia a todo acto por el cual Dios muestra su presencia creativa-salvífica en el mundo.[1] El uso de este término no es exclusivo a la teología de la misión, sino que ya San Agustín habla del **envío** usando el término ***missio*** en el seno del Dios Trino. Sin embargo, nuestro estudio busca referenciar su uso como se lo ha considerado desde que lo propuso Georg Vicedom para concederle a Dios el único y posible lugar dentro del entendimiento cristiano de la misión y su desarrollo teológico.[2]

Sin embargo, desde esta perspectiva amplia venimos a considerar un sentido más específico para nuestro estudio, el cual define que la misión se comprende plena y propiamente solo cuando se considera desde la propia naturaleza de Dios, es decir, de su identidad Trinitaria y la revelación de la misma por medio del Hijo en su encarnación y manifestación para perdón de pecados (Jn 1:18, 3:31-36, Lc 9:35).[3]

Así, la misión no nace ni deriva de la comprensión de doctrinas consideradas individualmente, como por ejemplo la eclesiología o la soteriología, sino que encuentra sus raíces en la naturaleza de Dios mismo. Desde aquí, como punto de partida, abordamos cada tema que hace a la obra de Dios en y por el mundo. El concepto mismo (*missio Dei)* nos enseña que: Dios Padre envía al Hijo, y el Padre y el Hijo envían al Espíritu Santo.[4]

David Bosch nos recuerda que el uso de este término se amplió para incluir un "movimiento" más: el Padre, el Hijo, y el Espíritu Santo enviando a la iglesia hacia el mundo. En términos del pensamiento misionero este vínculo con la doctrina de la Trinidad constituyó una innovación importante. La imagen de la misión que surgió de Willingen[5]

---

1 Este sentido amplio del término representa para muchos la posibilidad de construir un paraguas que abarque a tantas aproximaciones teológicas a la misión como sea posible. Sin embargo, Andrew Kirk explica que el problema surge cuando se entra en los detalles: "El concepto *missio Dei* ha sido interpretado tanto "desde arriba", usando las Escrituras como manual para entender los propósitos de Dios en y por el mundo, y "desde abajo", usando el contexto como factor que determina la forma en que Dios se involucra. Esta bifurcación puede simplemente reflejar la división básica entre conservadores y liberales." En *What is Mission? Theological Explorations.* (Philadelphia: Fortress Press, 2000), 25 y 229.

2 George Vicedom. *The Mission of God. An Introduction to a Theology of Mission.* (Saint Louis: Concordia Publishing House, 1965), 7. Ver K. D. Schulz. *Op. Cit.*, 87.

3 De esta forma buscamos evitar la ambigüedad de George Vicedom cuando dice: "Esta Missio Dei, abarcando toda la actividad de Dios, puede por lo tanto igualarse con el señorío de Dios."

4 "La iglesia no puede ser el punto de partida ni el objetivo de la misión. La obra salvífica de Dios precede tanto a la iglesia como a la misión. No debemos subordinar la misión a la iglesia, ni la iglesia a la misión, ambas deben ser consideradas dentro de la *missio Dei*, el cual viene a ser el marco conceptual. La *missio Dei* instituye la *missiones ecclesiae*. La iglesia deja de ser la que envía para ser la enviada." David Bosch. *Transforming Mission*, 370.

5 Quinta Conferencia del Concilio Misionero Internacional en la mencionada ciudad alemana en Julio de 1952.

concluyó que la misión es una participación en el movimiento de Dios hacia el mundo. Nuestra misión no es fruto de nuestras propias acciones; no concebimos ni generamos la misión, como si fuera obra humana. Por el contrario, solo en manos de Dios que envía se puede denominar verdaderamente misión, toda vez que la iniciativa misionera proviene únicamente de Dios.[6]

Así, nos encontramos con uno de los mayores misterios de Dios que solo se conoce cuando él mismo se revela en el trato cercano con la humanidad a través del Hijo (ver Ef 3:3-9; 1 Co 4:1). El misterio de la misión que surge de este envío del Padre en el Hijo y así del Espíritu Santo nos revela también que el Mesías (enviado) es el contenido, es decir el mensaje a compartir en el envío de la iglesia (*missio ecclesiae*). Este conocimiento es valioso para la misión y acción de la iglesia. El envío de la iglesia es consecuencia y continuidad de la acción divina. El significado y contenido de su misión siempre queda determinado por la *missio Dei*. En este sentido, nuestro entendimiento de la *missio Dei* como resultado de la reflexión bíblica será un concepto guía que orientará a la iglesia a recuperar de tiempo en tiempo el significado de sus acciones concretas y considerar el contenido o mensaje incluido en tales acciones siempre a la luz del evangelio de Cristo, es decir buenas noticias y poder de Dios para el mundo.[7]

Este concepto nos provee de una nueva dimensión de la misión: ya no es una actividad de la iglesia, sino resultado de la obra de Dios (Jn 6:29 y 65). En este sentido, representa un movimiento por el que Dios mismo se descubre (se entrega) frente a la humanidad. La misión es un movimiento de Dios hacia el mundo; la iglesia es, en esta acción, un instrumento. Ella existe por causa de la misión, porque al mismo tiempo es resultado o fruto de la misión.[8]

---

6 David Bosch. *Misión En Transformación: Cambios De Paradigma En La Teología De La Misión*. (Grand Rapids: Libros Desafío, 2000), 476.

7 Werner Elert reflexiona sobre la concepción de Lutero con respecto a la misión aportando dos orientaciones necesarias para dar sentido evangélico a la *missio Dei*: "Si uno trata de pensar la idea de las misiones sobre la base del impacto del Evangelio (*evangelischer Ansatz*) y si no lo tomamos como una teoría que tiene que ver con comprometerse en una empresa, solo puede significar dos cosas: (1) fe en la omnipotencia y la teleología universal del evangelio y (2) la afirmación de la misión como la proclamación del evangelio." En *The Structure of Lutheranism*. (Saint Louis: Concordia Publishing House, 1962), 385.

8 Aquí podemos recordar las siguientes palabras de Emil Brunner: "La iglesia existe por la misión, como el fuego por la combustión. Donde no hay misión, no hay Iglesia; y donde no hay Iglesia ni misión, no hay fe. Será un tema secundario definir si se trata de misiones en el extranjero, o simplemente predicar el evangelio en la congregación local. La misión, predicación del evangelio, es expandir el fuego que Cristo arrojó sobre la tierra." Citado por Richard Bliese. "The Mission Matrix: Mapping Out the Complexities of a Missional Ecclesiology". En *Word & World*. Vol 26 num 3. Summer 2006. Saint Paul: Luther Seminary, 239.

Trinidad y misión

Cuando hablamos de la misión y reconocemos que la misión pertenece a Dios podemos justamente preguntarnos: "¿Cuál Dios?", ya que hoy día muchas personas tienen a Dios en su vocabulario como algo común, que se menciona frecuentemente, mucho más como un concepto tan vago que parece difícil de identificar.

¿Tiene Dios identidad? ¿Lo podemos identificar para separarlo tanto a él como a su misión de otros "dioses" con otros propósitos y propuestas? Al fin y al cabo, todas las religiones del mundo encuentran que tienen una "misión" que los invita a expandirse y crecer.[9]

Aquí es donde reconocemos la necesidad de ser un poco más específicos. Por eso tomamos y recurrimos a la fuente de revelación divina que nos trae información clara acerca de la identidad de Dios y de la *missio Dei*. Hablar de Dios significa necesariamente definirlo como Padre, Hijo, y Espíritu Santo. Este es el Dios que conocemos, el Dios Trino y por lo tanto el fundamento de toda confesión de fe. Así, la única y verdadera fe por la que se cree establece el propio contenido en el que se cree. Los credos ecuménicos dan testimonio de la fe trinitaria, pero aun más fundamental resulta que la revelación del nombre de Dios se establece en la Palabra unida al agua bautismal. Allí, Dios Padre, Hijo y Espíritu Santo no solo adopta a sus hijos y edifica su pueblo santo, sino también se identifica y entrega con sus dones.[10]

Por eso, al hablar de *missio Dei* será necesario darle equivalencia con *missio Trinitatis*.[11] De esta forma, se evitará desarrollar un significado secularizador que imponga a la misión un contenido que prescinde del sentido trascendente del misterio revelado en el evangelio para transformarlo en toda forma de lograr un bienestar material. La naturaleza trinitaria de la misión de Dios es fundamental para comprender por qué Dios actúa en el mundo, la forma en que actúa, y asimismo explica la formación de la comunión y comunidad llamada iglesia. La misión de Dios surge del incomparable amor de Dios por su creación. Agregamos

---

9 Recordemos que ya Jesús acusó a los fariseos de recorrer el mundo entero para someter a las personas a su religión legalista, sobre esto reflexiona también Pablo cuando dice en Romanos 10 que el problema de los judíos fue su incapacidad de preservar la promesa y volcarse a la justicia de sus propias obras.

10 No podemos pasar por alto el dato significativo que, cuando Lutero explica el bautismo en el Catecismo Menor, emplea cuatro pasajes (Mt 28: 19, Mc 16:16, Tit 3:5-7, y Ro 6:4), los dos primeros tienen relación directa con el propósito misionero del pueblo de Dios. Este propósito se establece por medio de la identidad dada en el bautismo y en el poder de la promesa que acompaña a todos los que viven en el perdón de pecados logrado por Jesús.

11 Ver Klaus Detlev Schulz. *Mission From the Cross. The Lutheran Theology of Missions.* (Saint Louis: Concordia Publishing House, 2009), 87-88. También Andrew Kirk. *Op. Cit.*, 27.

entonces que tal manifestación de amor también procede de la necesidad de todo ser humano de reencontrarse con Dios, pero que, sin embargo, no posee la capacidad para hacerlo. En este sentido, el amor divino solo puede comprenderse bajo la forma de un don o regalo inmerecido, pero cierto.[12] Es un amor que renuncia (Flp 2:5-8), entrega (Jn 3:16), encuentra (Lc 15) y libera (Gl 5:1).[13]

En la comprensión de la misión de Dios nos resulta muy necesario mantener siempre presente la idea de que la Trinidad funciona como una comunidad, una unión en la que el amor fluye constantemente.[14] De esta constante relación de amor que es acción y moviliza surge la misión como expresión *ad extra* (externa) de una realidad *ad intra* (interna).[15] En este sentido, se comprende que la revelación de Dios a través de sus acciones a favor de la humanidad afirman el atributo de su fidelidad, desde el cual se comprende la permanencia de su Palabra y promesas, aun y más allá de las circunstancias humanas que la contraríen (2 Ti 2:13). El amor de Dios que se muestra en el perdón de pecados, no es consecuencia del merecimiento humano, sino simple y exclusivamente expresión de su propio carácter y voluntad, precedente a toda relación con el ser humano.[16]

---

12 Aquí corresponde sostener que la misma afirmación de la doctrina de la "justificación por gracia por medio de la fe" incluye o propone el sentido misionero de la actividad trinitaria para redención de la humanidad (*missio Dei*) en tanto que reconoce la incapacidad humana de lograrlo y concede solo por los méritos de Cristo el perdón y la vida eterna. Así lo define Franzmann al escribir sobre la hermenéutica de la Reforma: "Dios, a quien el hombre no puede encontrar en forma alguna, ha abierto creativamente en Cristo el camino por el cual el hombre puede y debe ir." En *Seven Theses on Reformation Hermeneutics.* (Saint Louis: Documento de CTCR, LCMS, 1969), 4.

13 "Si la creación es un acto de amor, entonces el amor debe ser una realidad propia de Dios antes que la materia exista. El amor es una realidad personal, solo posible por las relaciones recíprocas. Esto nos lleva a pensar en una percepción relacional de Dios - un Dios en quien el amor interpersonal es activo." Andrew Kirk. *Op. Cit.*, 26.

14 "El Hijo encarnado es fiel y ama –se entrega plenamente– al Padre en la fuerza del Espíritu en la economía de la salvación, así como, en el ser de Dios, el Hijo ama al Padre en el Espíritu. Para usar el lenguaje agustiniano, el Espíritu Santo es 'el amor mutuo', el vínculo de amor en el cual el Padre y el Hijo se aman recíprocamente y coexisten." Leopoldo Sánchez. *Pneumatología. El Espíritu Santo y la Espiritualidad de la Iglesia.* (Saint Louis: Editorial Concordia, 2005), 128.

15 "La Escritura atribuye las mismas obras divinas (opera *ad extra*) al Hijo y el Espíritu Santo de la misma forma que al Padre. La creación del mundo es la obra del Hijo (Jn 1:3; Col 1:16; Heb 1:10) y también la obra del Espíritu Santo (Sal 33:6; Job 33:4). Ya que las tres personas poseen la misma esencia divina, atributos y obras, entonces una y la misma adoración divina es debida a cada Persona... Al ser bautizado en el nombre del Padre, Hijo, y Espíritu Santo, el cristiano adora al Espíritu Santo con la misma adoración divina que le corresponde al Padre y al Hijo. La iglesia cristiana adora por lo tanto a la Trinidad en unidad y la unidad en Trinidad." Francis Pieper. *Christian Dogmatics.* Vol I. (Saint Louis: Concordia Publishing House, 1950), 386-7.

16 Aquí bien vale recordar lo que expone Lutero en la tesis 28 de la Disputación de Heidelberg: "El amor de Dios no encuentra, sino crea aquello que le place... el amor de Dios más bien derrama y confiere lo bueno. Por lo tanto, los pecadores son bellos por ser amados, no son amados por ser bellos... en este sentido dice Cristo: 'No he venido a llamar justos, sino pecadores.' De esta índole es el amor de la cruz, nacido de la cruz, que no se dirige donde halla el bien para gozar de él, sino allí donde confiere el bien al miserable o indigente." En *Obras de Martín Lutero.* Vol. I. (Buenos Aires: Editorial La Aurora, 1967), 45-46.

La identidad trinitaria de Dios y su obra se entiende en su máxima expresión junto a su resultado victorioso que es la justificación del pecador. Ambas doctrinas deben entenderse una junto a la otra; así lo hace Lutero, como explica Pieper, destacando el gran consuelo y fortaleza que concede, afirmando que esta es la única forma de considerar algo tan incomprensible a la razón humana.[17] En otras palabras, la acción del Padre que envía al Hijo para obrar la justicia que concede el perdón de los pecados al ser humano se hace evidente en el corazón humano por la acción del Espíritu Santo, que lo afirma en la confianza del perdón para vivir en la esperanza de la vida eterna.

Dios es amor, esa es su naturaleza básica y la intención de Dios es que su naturaleza se muestre tal como es: unidad, comunidad, diversidad, y misericordia en acción. Pero al mismo tiempo, el amor de Dios adquiere una nueva dimensión que llamamos encarnacional (definida por la relación con su Iglesia) cuando se manifiesta claramente (aunque no perfectamente) en la comunidad cristiana (ver Jn 13:33; 15:12, 17; 1 Jn 3:23; 2 Jn 5-6). Por eso la misión del Dios Trino también impregna de tales características a su iglesia que obra por amor, y movilizando por amor a todos los que le pertenecen.

Missio ecclesiae

Así llegamos al siguiente elemento fundamental para comprender la misión, que es la iglesia. La iglesia es parte del plan de Dios, no es un accidente ni tampoco el depósito de los frutos resultantes de la obra del Espíritu Santo. La iglesia como tal se incorpora al plan redentor como consecuencia y asistencia natural del envío del Hijo. Como ya mencionamos, del envío del Padre en el Hijo y con el Espíritu Santo se comprende un movimiento de envío de la Iglesia al mundo. Así, incorporamos otro término que procede de y enfoca la *missio Dei*, desde su lado instrumental. Nos referimos al término *missio ecclesiae* (la actividad misionera de la iglesia), el cual puede ser comprendido en un sentido negativo y otro positivo.[18]

En un sentido negativo, *missio ecclesiae* puede llevarnos a ignorar que la misión pertenece a Dios, quedando entonces en manos de los hombres o de la iglesia como institución humana. Cuando la iglesia se olvida de su rol instrumental y se define como fuente y origen de la misión, allí

---

17 Franz Pieper. *Op. Cit.*, 379.

18 Jan Jongeneel. *Philosophy, Science and Theology of Mission in the 19th and 20th Centuries.* Part I. (Frankfurt am Main: Peter Lang, 1995), 61, 70.

es donde la voluntad y modalidad del hombre se impone por sobre la voluntad y forma que Dios ha revelado en su Palabra. Cuando la iglesia se adueña de la misión, toda la empresa corre el riesgo de perderse en un vano activismo voluntarista que pierde de vista no solo el sentido, sino también el contenido del mensaje.

Cuando la iglesia comprende que su naturaleza es misionera y que por lo tanto la misión de Dios define su esencia, entonces será simple encontrar el sentido positivo al término *missio ecclesiae.*[19] La forma en que la iglesia se ve a sí misma y se identifica con la obra de Cristo (eclesiología) se relaciona profundamente con su llamado a vivir y compartir el evangelio de Jesucristo de acuerdo a como se expresa por ejemplo en Mateo 28 o en Hechos 1:8, es decir "hasta el fin del tiempo" y "hasta lo último de la tierra" (escatología).[20] Si este sentido perpetuo de envío y vocación se pierde, entonces la iglesia pierde su calidad apostólica, y solo buscará mantenerse a sí misma, enfocada en preservar sus límites bien custodiados. Así, mientras pierde su vitalidad, también perderá su presencia en la sociedad.[21]

Aquí se revela el carácter de la iglesia, como comunidad en peregrinaje, no solo temporal, sino también espiritual. El sentido escatológico de la misión también se aplica a la iglesia misma que en el tiempo presente lucha con la tensión establecida entre la justicia de Cristo y la permanencia de la naturaleza pecadora. Así, la que fue santificada para ser presentada frente a su Señor (Ef 5:25-27) también se presenta cada día frente a

---

19 Hans Werner Gensichen escribe: "Todo lo que pueda decirse en particular con respecto a la proclamación del evangelio a los paganos debe permanecer dentro de este esquema, es decir en este amplio círculo de la propia missio de Dios, la cual no puede ser solo un asunto humano, pero que, sin embargo se concreta en la existencia y testimonio de la congregación…" Citado por Juhani Forsberg en "Abraham as Paradigm of the Mission in Luther's Theology". *Lutheran Contributions to the Missio Dei.* (Ginebra: Lutheran World Federation, 1984), 112.

20 Johannes Blauw habla sobre la relación entre el carácter escatológico y geográfico de la tarea de la iglesia. Su conclusión nos ayuda a reconocer el impulso constante que posee la iglesia al considerar su lugar en la misión: "se trata de una noción de frontera indicando que el dominio de Cristo desconoce todo tipo de límite geográfico. En otras palabras, la comisión misionera es desde el inicio una comisión ecuménica, una comisión que mira hacia todo el mundo habitado. Así, el criterio es simple: se debe oír acerca de Cristo para que se pueda creer en él. Así, él debe ser predicado en todo lugar, por lo tanto, los mensajeros del evangelio deben ser enviados (Romanos 10:11-15)". En *A Natureza Missionária da Igreja.* (São Paulo: ASTE, 1966), 113.

21 "Lutero ve la iglesia, junto con la palabra de Dios y cada bautizado creyente, como instrumentos divinos cruciales para la misión. Sin embargo, de ninguna forma el reformador hace a la iglesia el punto de partida o el objetivo final de la misión, como la misiología del siglo 19 intentó hacer. Siempre es la misión misma de Dios la que domina el pensamiento de Lutero, y la venida del reino de Dios representa su culminación final." James Scherer. *Gospel, Church and Kingdom.* (Minneapolis: Augsburg Publishing House, 1987), 55.

su Señor en arrepentimiento y confesión porque ha pecado (1 Jn 1:8-9).[22] Según confesamos en cada uno de los credos, afirmamos que la iglesia es santa (atributo), por causa de la obra de Cristo y así sus obras, aunque permanecen imperfectas en esta vida (Flp 3:12-16).[23] Así, cuando decimos que la iglesia es "*simul justus et peccator*" también reconocemos, dentro de este contexto, un riesgo en que pueda perderse de vista el lugar que ella misma recibe y ocupa en el plan redentor para llevar la salvación de Cristo a todas las naciones.

Al hablar de *missio ecclesiae* buscamos responder a las preguntas: ¿Para qué está la iglesia? ¿Cuál es su propósito? La iglesia no define la razón de su existencia, sino que reconoce un propósito establecido por quien le da vida: Cristo, su Señor, cabeza del cuerpo que es la iglesia, la recibe, la santifica por el evangelio y la envía a estar, pero no ser del mundo (Jn 17:15-18). No puede, por lo tanto, ni tiene libertad para definir sus objetivos o dirección. La iglesia es una comunidad que responde a la *missio Dei*, dando testimonio de la actividad redentora de Dios en el mundo por la comunicación del evangelio, que es para salvación del mundo, de la cual ella misma es fruto y testimonio.[24]

El propósito principal de la *missio ecclesiae* no puede aislarse en actividades o tareas que cada comunidad cristiana desarrolla, por ejemplo, la predicación del evangelio por un lado; pero que no tenga en consideración ni se vea vinculada con el evangelismo o la multiplicación en nuevas comunidades locales, ya que esas actividades corresponden a otras esferas o grupos de trabajo. Para que exista una mirada integrada de la misión de la iglesia, primero debemos establecer que la iglesia está al servicio de la *missio Dei* hablando de Cristo al mundo, orientándolo hacia Dios y manifestando los frutos de la gracia y el perdón en su vivencia comunitaria.[25]

De esta forma, el testimonio de la iglesia tampoco es sobre ella misma, sus programas, logros o estadísticas.[26] En este caso, podemos recordar una conocida expresión: "La iglesia es la única organización que existe por causa de los que no pertenecen a ella." La iglesia como grupo humano no piensa de tal manera que solo le importa satisfacer sus propias necesidades,

22 Veli-Matti Kärkkäinen. *An Introduction to Ecclesiology. Ecumenical, Historical & Global Perspectives.* (Downers Grove: IVP Academic, 2002), 41.

23 Juan T. Mueller. *Doctrina Cristiana.* (San Luis: Editorial Concordia, 1948), 369.

24 Tormod Engelviksen. "*Missio Dei*: The Understanding and Misunderstanding of a Theological Concept in European Churches and Missiology." En *International Review of Mission.* Volumen XCII, Number 367. Octubre, 2003, 485.

25 Bosch. *Op. Cit.*, 391.

26 "En medio del mundo de oscuridad ella es luz; en medio de la corrupción ella es sal. Pero no lo es por *sí misma*, sino por *Dios*. Ella no es esto para *sí misma*, sino para el *mundo*… O la iglesia es una congregación para el testimonio, el servicio y la adoración, o no es iglesia de Jesucristo." Vicedom. *Op. Cit.*, 89.

sino que mira hacia afuera, mira a los que no la miran, busca a los que la rechazan y ama a los despreciables que la desprecian. Con esto nos damos permiso para afirmar que el verdadero parámetro para hablar de fidelidad en la misión queda determinado principalmente por el evangelio como mensaje-poder de Dios y la prioridad que este mismo recibe en cada actividad que desarrolla cada comunidad cristiana.[27] Solo así podremos asegurarnos una sana relación de conceptos (*missio Dei-missio ecclesiae*), pero además una clara conciencia de testimonio y servicio en las acciones concretas. En definitiva, la iglesia testifica sobre la totalidad de las promesas de Dios. Cada vez que testifique y compruebe en su propia existencia el cumplimiento de estas promesas, estará participando en la constante lucha entre el reino de Dios y el de las tinieblas y el mal (ver Hch 26:17-18).[28]

Hablar de *missio Dei* sin incluir en esta definición y este interés a la iglesia representa una mirada sin compromiso con la acción misionera. Significa que se perdió de vista la promesa de Cristo (Mt 16:18-19), por la cual también se establece una tarea y responsabilidad permanente entregada a la iglesia. Esta promesa y tarea queda unida a la autoridad de Cristo para que hasta el fin de los tiempos proclame el evangelio a las naciones.[29]

Hablar de *missio Dei* sin tener en cuenta que la voluntad de Dios es que la iglesia sea agente de testimonio y comunión equivale a no comprender que desde el principio se ha establecido un pueblo que encarne en su

---

27 "La teología de la cruz rechaza tomar reportes de éxito o fracaso con demasiada seriedad; en su lugar nos recuerda que todo intento por conocer 'cómo nos está yendo' –estadístico, teológico y lo que sea– solo son reportes de un fenómeno superficial. Los parámetros de Dios no son los parámetros del mundo; la persona o comunidad fiel a veces se presenta como despreciada o rechazada. Es más probable que encontremos a Dios en una calmada voz, o una semilla creciendo lentamente, que en los reportes de miles de convertidos o de catedrales en construcción." Timothy Lull. "The Mission of the Local Congregation". En *Mission at the Dawn of the 21st Century,* 394.

28 "Misión es más que un proceso de reproducir Iglesias. Es un testimonio acerca de la plenitud de la promesa del reino de Dios. También es participar con Cristo de la lucha constante entre el reino de Dios y los poderes de la oscuridad y el mal en este mundo. La victoria final del reino de Dios es escatológica, y permanece en el presente como objeto de fe y esperanza." James Scherer. *Gospel, Church and Kingdom.* (Minneapolis: Augsburg Publishing House, 1987), 84.

29 "La misión de la iglesia es, después de todo, una actividad escatológica, es decir, una actividad del 'fin de los tiempos' de la historia de la salvación. 'Las buenas nuevas primero deben ser proclamadas a todas las naciones' (Mc 13:10). La misión de la iglesia debe continuar hasta el fin de los tiempos y los confines de la tierra hasta que Cristo regrese en juicio y gloria. El Espíritu Santo se derrama después de la resurrección en Pentecostés como un don para completar la tarea apostólica del testimonio (Jn 20:21-22). La misión de Dios, y de la iglesia, puede entenderse solo dentro de un entendimiento trinitario de la obra salvífica del Padre, el Hijo, y el Espíritu Santo... Lutero mismo entendió que la proclamación universal del evangelio, en lugar de la conversión de todas las personas, era el objetivo descripto en la Escritura." James Scherer. "Key Issues to Be Considered in Global Mission Today: Crucial Questions about Mission Theology, Context, and Expectations". En *Mission at the Dawn of the 21st Century.* (Minneapolis: Kirk House Publishers, 1999), 17.

vivencia cotidiana la promesa (evangelio) y su cumplimiento para que las naciones conozcan el camino de la salvación.[30]

De esta forma, no se puede desarrollar una teología de la misión que desconozca la realidad de la iglesia, pues contradice la instrumentalidad de la misma en el envío que recibe para ir al mundo. Por lo tanto, es necesario y prudente considerar ambos conceptos íntimamente unidos reconociendo que se relacionan en términos de fundamento (*missio Dei*) y funcionalidad (*missio ecclesiae*). De esta forma, no solo nos aseguramos de tener claro cuál es el fundamento, sino también nos aseguramos de que podemos edificar sobre tal base.[31]

Hablar de misión aparte de un concepto claro de iglesia, o desconectada de la vida que Cristo da a su iglesia, abstrae la misión a un discurso que institucionaliza la acción misionera, y la coloca en manos de especialistas que solo pueden pensar la misión desde la mirada de la propagación de una estructura específica que finalmente será impuesta sobre los que oyen el evangelio.

Por otro lado, y para evitar un desequilibrio hacia otro extremo, diremos que hablar solo de iglesia, sin considerar la voluntad divina para ella, implica apropiarse de una acción exclusiva del Dios trino. En resumen, necesitamos afirmar que la salvación es voluntad, obra, y consecuencia de la acción de Dios. La iglesia como fruto de la acción divina desarrolla un testimonio fiel y coherente que resulta en acciones concretas para dar a conocer el amor de Dios en el mundo.

Entonces, tomar el concepto *missio Dei* para hablar sobre la misión sin involucrarse en acciones concretas ni pensar en la iglesia como instrumento de la acción divina representa una nueva forma de colonialismo, sutil pero real.[32] Por eso, es necesario afirmar y sostener que es la iglesia, como realidad universal presente geográfica y teológicamente en innumerables comunidades locales, la que encuentra las formas en que se inserta en su

30 "Lutero expresa una concepción categórica de la *missio Dei*. Su análisis de Abrahán también muestra que la *missio Dei* siempre debe ser vista en el contexto de la *missio ecclesiae*." En *Lutheran Contributions to the Missio Dei.*, 110.

31 "Existe una tendencia entendible entre teólogos de la misión de expandir el concepto de misión para incluir casi todo lo que la iglesia hace, o ubicar la misión al centro de la respuesta a muchos desafíos que la iglesia enfrenta en el mundo contemporáneo… Esto no quiere decir que la misión no es central, aun fundamental, al ser de la iglesia, o que la misión solo es un aspecto o función de la iglesia. La misión pertenece al mismo *esse* de la iglesia, a su ser como iglesia apostólica y católica. Sin embargo, hay algo de verdad en decir: "Cuando todo es misión, nada es misión." Debemos reconocer que el término *missio Dei* ha sido usado misiológicamente en esto, casi en una forma imperialista." En Tormod Engelviksen. *Op. Cit.*, 484.

32 "Legítimamente o no, el concepto *missio Dei* ha sido usado para sostener todo tipo de agendas misiológicas". Kirk. *Op.Cit.*, 25.

contexto social para comunicar el evangelio. Así, nadie debe atribuirse la autoridad para cuestionar, negar o ignorar la voluntad corporativa que lleva a tomar estas decisiones estratégicas, por supuesto, siempre que no nieguen el evangelio mismo.[33] La intención de unificar la vida y acción de las iglesias no responde a la libertad del evangelio ni a la diversidad que identifica a la iglesia como cuerpo de Cristo.[34]

También debemos considerar que, cuando la iglesia no se ve a sí misma como acompañada y guiada por Cristo, es decir que su vida queda determinada por la presencia de Cristo, tampoco tendrá la capacidad de ver a su prójimo sin Cristo. No tendrá la capacidad de vivir con la suficiente compasión. Al no reconocer tal punto de contraste, es decir de diferenciación comunitaria dada por la novedad del evangelio, tampoco comprenderá el sentido de su presencia como contrapunto con la sociedad (por ejemplo: ser luz en la oscuridad, sal en corrupción, Mateo 5:13-16).[35] Cuando la iglesia confunde su identidad porque pierde de vista a Cristo, naturalmente buscará mezclarse o mimetizarse con el entorno para no tener que sostener o justificar aquello que cree. Sin dudas este es uno de los grandes desafíos que enfrentamos en tipos de sociedades definidas como pos-cristianas.

Definición de misión y misiones

Con un claro entendimiento del rol de Dios en la misión, los términos "misión" y "misiones" se pueden entender mejor.[36] Como ya hemos dicho, la misión es obra de Dios. Todo entendimiento que excluya a Dios, concibiendo a la misión como algún tipo de emprendimiento humano está equivocado. La misión se afirma en el deseo de Dios de reconciliar a la humanidad pecadora consigo mismo. Así, Dios actuó desde el principio, anunciando su juicio y llamando al arrepentimiento con el propósito de

---

33 "La grandeza y amplitud del principio teológico de Lutero conocido como la propia distinción entre Ley y Evangelio se hace evidente cuando uno percibe que más allá de todas estas posibilidades él sigue solo el camino: Cristo no dio a su iglesia una ley por la que se prescriba una única forma correcta de organización, gobierno y política (*de constituenda ecclesia*). Toda forma de organizar las cosas puede ser, en tanto que los medios de gracia se sostengan y no sean frustrados." Hermann Sasse. "Ministry and Congregation" En *We Confess. Anthology.* (Saint Louis: Concordia Publishing House, 1999), 71.

34 "Cuando la *missio Dei* se comprende claramente, la tarea efectiva de la congregación debe considerarse como la diseminación de la Palabra en su relación con el mundo". George Vicedom. *Op. Cit.*, 92.

35 "La gran debilidad de la cristiandad hoy es que los cristianos ya no saben que son cristianos. Han perdido su poder como sal." Ibíd.

36 "No podemos reflexionar acerca de *missio Dei* de la misma forma en que podemos reflexionar acerca de *missio ecclesiae*... No obstante, *missio Dei* es el único trasfondo universal posible de *missio ecclesiae*." Jan Jongeneel. *Op. Cit.*, 70.

librar a su pueblo y a las naciones. De la misma forma en que obró en Egipto para liberar a los israelitas, también continúa obrando por medio de embajadores humanos para la reconciliación de la humanidad con él (2 Co 5:18-20).[37]

En cuanto a esto, por ejemplo, la Confesión de Augsburgo refleja esta realidad según el orden en la presentación de sus artículos comenzando por la Trinidad y su obra (Art I, III y IV), llegando a definir la iglesia como la comunidad de creyentes en la cual se predica el evangelio, por el cual el Espíritu Santo produce la fe (Art V-VII). Esta relación de orden necesario no debe pasar inadvertida al lector, pues nos permite comprender la mirada bíblica de los confesores sobre la *missio Dei* y su impacto no solo en la definición, sino también en el propósito y la vida de la iglesia.[38]

El término "misiones" no debe confundirse por lo tanto en su uso con "misión".[39] Cuando hablamos de "misiones", nos referimos al compromiso con un "trabajo misional", el cual se considera a sí mismo y evalúa desde la perspectiva del concepto central de la *missio Dei*. Se trata de una derivación y consecuencia de una correcta comprensión de la *missio Dei*. Por lo tanto, con esta derivación necesaria (misiones) nos referimos a los planes desarrollados por el pueblo de Dios para dar forma en un tiempo y espacio determinados a la misión de Dios que, más allá de la localización concreta que mencionamos siempre debe verse desde su alcance universal a todas las naciones de todas las épocas. La misión de Dios es el único fundamento sobre el que se construye toda teología que permite asumir sanamente la necesaria participación en iniciativas misionales. Este soporte proviene y se desarrolla desde una comprensión bíblica del envío divino. Si tenemos un entendimiento inadecuado de la misión, nuestra labor misional será improductiva, así como un cuerpo sin espíritu deja de vivir.[40]

---

37 "Donde sea que [Pablo] llegaba encontraba *ekklesiai*, iglesias, de las cuales se esperaba que sean manifestaciones de la nueva creación… Aun reconociendo la importancia de la iglesia, no era para Pablo el objetivo de la misión. La vida y obra de la comunidad cristiana están íntimamente unidas al plan histórico-cósmico de Dios para la redención del mundo." En David Bosch. *Op. Cit.*, 178.

38 "El propósito primario de las *missiones ecclesiae* puede no ser simplemente la plantación de iglesias o la salvación de almas, sino que debe estar al servicio de la *missio Dei*, representando a Dios en y contra el mundo, apuntando a Dios, sosteniendo al niño-Dios ante los ojos del mundo en una constante celebración de la epifanía." Bosch. *Op .Cit.*, 391.

39 "Sigue que debemos distinguir entre misión y misiones. No podemos, sin desviarnos, afirmar que lo que hacemos es idéntico a la *missio dei*, nuestras actividades misioneras solo son auténticas en tanto que reflejen participación en la misión de Dios. La iglesia permanece al servicio de la misericordia de Dios por el mundo." Bosch. *Op. Cit.*, 391.

40 Samuel Escobar cita a David Bosch cuando acertadamente dice: "Nuestro punto de partida no debería ser la empresa misionera contemporánea que buscamos justificar, sino el sentido bíblico de lo que significa ser enviados al mundo." En *Bases Bíblicas de la Misión*. (Buenos Aires: Nueva Creación, 1998), 308.

La justificación por medio de Cristo como fundamento para el envío y su centralidad para una teología de la misión

Como pudimos definir anteriormente el concepto *missio Dei* afirma que la obra redentora de Dios se abre paso en este mundo para llegar a quienes son objeto de tal obra de amor. Así, el Dios trino se encuentra en un constante movimiento y acción de forma tal que su iglesia asume el llamado de encontrar el espacio y la forma de darle expresión concreta al envío que ella misma recibe (Jn 20:21). Por lo tanto, al reconocer que el amor de Dios se manifiesta en esta acción concreta del envío hacia la humanidad, estamos reconociendo una expresión de su misericordia.[41]

La teología de la misión nos ayuda a reflexionar sobre el tema central –justificación por la fe– que integra y motiva nuestra acción misionera. En otras palabras, la teología de la misión debe estimular un estilo de pensamiento teológico (*habitus*) que desarrolle una clara conciencia misionera, un compromiso con el evangelio y una constante conexión entre la justificación del pecador por la gracia divina para perdón de pecados y el envío de la iglesia para testimonio de esta obra divina.[42]

Así, por ejemplo, leemos en la Fórmula de Concordia: "Creemos, enseñamos y confesamos que conforme al uso idiomático de la Escritura, la palabra *justificar* significa en este artículo *absolver*, esto es, declarar libre de pecados... Y cuando en lugar de la palabra justificación se emplean las palabras *regeneración y vivificación*, como en la Apología, esto se hace en el mismo sentido." (FC Ep III, 7-8). De esta afirmación comprendemos que hay un lenguaje bíblico variado que sostiene la centralidad de la acción divina a favor de toda la humanidad. Este lenguaje bíblico también revela la dirección de tal acción divina, por la que quedan descartados todos los medios y recursos humanos para alcanzar el perdón de los pecados. De esta forma, la justificación del pecador por gracia por medio de la fe, indica un movimiento de Dios hacia el ser humano. La salvación es obra de Dios, ocurre *extra nos*, es decir, descartando toda participación humana. Sin embargo, no ha de permanecer así, pues si ha de conceder el beneficio de la absolución o perdón de pecados a una persona, esta obra

---

41 Por ejemplo, Francis DuBose propone que el simple sentido de misión como envío debe orientar nuestra forma de entender el contenido bíblico y por lo tanto nuestra participación en la misión, es decir el envío de Dios: "No importa cómo sea usado, en un sentido más general o en un especial sentido teológico, el término *enviar* siempre contiene una idea triple: (1) una *fuente* desde donde se origina; (2) un *medio* por el que se concreta el envío (instrumento o agente), (3) un *propósito* del envío." En *God Who Sends. A Fresh Quest for Biblical Mission.* (Nashville: Broadman Press, 1983), 37.

42 Ver Martin Franzmann. *Seven Theses on Reformation Hermeneutics.* (Saint Louis: Documento CTCR, LCMS, 1969), 4.

divina debe apropiarse o aprehenderse por medio de la fe, lo cual una vez más queda en manos de la acción divina a través del Espíritu Santo por la predicación del evangelio.[43] Por eso afirmamos que mantener a la vista la constante relación entre la doctrina de la justificación, incluyendo su entendimiento y aplicación en la vida de la iglesia, y el concepto del envío a predicar el evangelio renovará el deseo y las formas de dar testimonio en cada comunidad cristiana.

La salvación llega al mundo de una forma tan única, que permanece así exclusivamente. Es la única forma en que el Padre encuentra a sus criaturas y lo hace por medio de su Hijo. Así, el Padre busca a través de su Hijo (encarnación), y en tal acción de amor (Jn 3:16) se relaciona la obra redentora que da perdón de pecados y vida eterna. Al mismo tiempo, el Padre que busca en el Hijo se revela en su Hijo que es la Palabra encarnada y comunicada (el evangelio). Por medio del evangelio, el Padre, el Hijo, y el Espíritu Santo siguen llegando a la humanidad cada vez que este mensaje se encarna y comunica en la voz de la iglesia (ver CA V y VII). El envío del Dios Trino se perpetúa en la comunidad de creyentes de tal forma que la promesa: "para que todo aquel que en él cree no se pierda", permanece inalterable y como un constante motivador para que la Iglesia reflexione sobre la forma en que encarna el envío del Padre hacia su propia comunidad (ver Ro 1:16).[44]

Por lo tanto, en nuestra comprensión de la relación entre justificación y envío, observamos que la misma palabra de Dios que revela la justicia de Cristo para perdón de pecados es la Palabra que se predica para justificación del pecador y que al mismo tiempo define que así es necesario que se haga.[45] La misma Palabra por la que se cree que hay perdón de pecados envía a compartir la obra de Cristo.[46]

Cuando discernimos y apreciamos el llamado divino a ser parte de la misión, también valoramos que nada queda librado al azar, sino que

43 "Si el perdón de pecados es justificación, entonces la justificación por sobre todas las cosas corresponde al acto de declarar justo. La palabra por la cual Dios perdona pecados es al mismo tiempo el juicio por el cual Dios declara justo al pecador. La obra y mérito de Jesucristo por la cual Dios perdona pecados es al mismo tiempo la justicia de Cristo que Dios imputa y concede al pecador. Así como el perdón de pecados es la no imputación de pecados por causa de Cristo (*"peccatum non imputator"*, Apl II, 40), así la justificación es la imputación de la justicia de Cristo". Edmund Schlink. *Theology of the Lutherans Confessions*. (Saint Louis: Concordia Publishing House, 1961), 92.

44 Georg Vicedom. *Op. Cit.*, 45.

45 "Si la justificación es un decreto, un pronunciamiento, entonces debe ser pronunciado, predicado. De esta forma, el Espíritu obra la fe cuando y donde le place y da existencia a la iglesia." Gerhard Forde. *Justification by Faith. A Matter of Death and Life*. (Mifflintown: Sigler Press, 1991), 81.

46 "Ahora han conocido que todo lo que me has dado procede de ti porque **les he dado las palabras que me diste**, y ellos las recibieron y conocieron verdaderamente que provengo de ti, y creyeron que tú me enviaste" Juan 17:7-8. (Énfasis mío).

también recibimos los medios por los cuales su misión se encarnará en envío y anuncio de todo su mensaje (Ro 10:15-17, Hch 28:23-31). Por eso, al reconocer que la iglesia puede, como el conjunto de creyentes reunidos alrededor del evangelio, ser nutrida y bendecida por medio de la predicación y el uso de los sacramentos, también comprendemos que en el uso de los medios de gracia y la apropiación de los beneficios que ellos conceden, Dios mismo está en acción para hacernos parte de su misión.

En esta valoración de lo que Dios mismo entrega a su iglesia, vemos que no es suficiente tener un concepto claro de misión si no va acompañado de una consideración de los medios por los que la misión se encarna en el mundo. Hablar de la misión de la iglesia y sus medios nos obliga a establecer prioridades de tal forma que los medios de gracia, a través de los que Dios obra, no sean entorpecidos por costumbres, prejuicios o negligencia personal. Así, por ejemplo, para Lutero estaba muy claro que lo único que sostiene y da vigor a la iglesia es el evangelio, en la multiplicidad de formas en que puede ser compartido.[47] Por lo tanto, vemos que toda práctica y su correspondiente aceptación o rechazo debe considerarse en función del anuncio del evangelio (1 P 2:9b).

Como los medios de la misión son el anuncio del evangelio y la entrega de los sacramentos, entonces la misión se conecta y concreta en el propio uso de ellos. Aquí la dificultad surge cuando pensamos que el máximo alcance posible de los medios de gracia se limita a las reuniones eclesiásticas. Cuando las congregaciones cristianas llegan a pensar de esta manera, verán limitada su visión acerca de su propósito y lugar en la misión de Dios. En realidad, los medios de gracia encuentran en la sociedad su objetivo natural, ya que por el mundo fueron dados (Mt 28:19-20, 1 Co 11:26).

Por lo tanto, identificamos que es el mismo evangelio el que otorga un sentido de envío o movimiento a la vida de la iglesia para proyectarse fuera de sí misma. Las consecuencias del mensaje evangélico para la iglesia también son destacadas por Franz Pieper en sus tesis sobre la justificación. En la tesis II afirma: "Esa reconciliación Dios la proclama a la humanidad por su evangelio, para que sea creído. El evangelio no es simplemente un sonido vacío, sino que es **dar el perdón** que Cristo

47 "Volvamos a tratar del evangelio que nos ofrece consejo y ayuda no solo de una manera única contra el pecado, pues Dios es superabundante en dar su gracia. Primero, por la palabra oral, en la cual es predicada la remisión de los pecados en todo el mundo, lo cual constituye el oficio propio del evangelio. En segundo término, mediante el bautismo. En tercer lugar, por medio del santo sacramento del altar. En cuarto, por medio del poder de las llaves y también por medio de la conversación y consolación mutua entre los hermanos, según lo que se lee en el capítulo 18 de Mateo: 'donde dos estuviesen reunidos', etcétera (Mt 18:20)". AE, 3, II, 45.

conquistó para todos los pecadores que oyen el evangelio."[48] Una vez más se relaciona la obra de Cristo, no como un hecho estático o histórico, sino como la acción dinámica de revelar o traer al mundo la buena noticia de que hay perdón de pecados. Pero, además, el perdón como mensaje indica una comunicación, una relación de diálogo, pues, así como se espera que al hablar alguien oiga, igualmente el que oye encuentra el espacio para hablar, interpelar, y esperar respuestas. Por eso cada oportunidad de traer el evangelio es por un lado afirmación del envío de Cristo a su iglesia, y por otro la posibilidad de ofrecer el perdón y nueva vida a otros.[49]

De esta forma, cuando cada comunidad cristiana reconoce que el mensaje que conoce y disfruta es, en sí mismo, el impulso fundamental para asumir su rol instrumental en la misión de Dios, será capaz de alcanzar una comprensión más profunda de la importancia de su presencia y testimonio en el medio social en que se encuentra. Le permitirá, además, desarrollar la capacidad de leer e interpretar los eventos sociales que la rodean de una manera correcta, considerando que la ceguera espiritual es real, y por lo tanto la acción consciente de llegar al incrédulo es esencial.[50] Nunca será suficiente el énfasis que pueda darse a esta presencia del evangelio a través de cada congregación e individuo cristiano. Toda acción en conjunto o individual encontrará sentido e impulso en el simple y maravilloso acto de amor por el cual Jesús mismo entrega su vida por el mundo, para que el mundo crea y por esta fe alcance perdón y vida eterna.[51]

Principios teológicos y de acción

Encontramos al menos las siguientes aplicaciones específicas de la "Misión de Dios-misión de la Iglesia":

La misión resulta de la naturaleza y voluntad de Dios. Por lo tanto, no puede ser ignorada por la iglesia.

Se establece una dinámica de relación mediada entre el que da (Dios trino), lo que da (evangelio-promesas) y los que reciben (iglesia).

---

48 Franz Pieper. *Teses sobre a Doutrina da Justificação.* (Porto Alegre: Editora Concórdia, 2014), 43.

49 "Por el amor de Dios, que toma forma de la revelación y llega al hombre en el envío, el Dios que revela y envía se relaciona a sí mismo por medio de su Palabra, su Espíritu y su obra con quien es enviado, y por medio de ellos con quienes han de escuchar el anuncio del evangelio." Vicedom. *Op. Cit.*, 46.

50 "Este evangelio es radical en tres aspectos: (1) en su reconocimiento de la ley que condena, la ira de Dios y la culpa y perdición del hombre; (2) en su reconocimiento de la exclusiva obra de Dios en la salvación del hombre; (3) en su reconocimiento de la transformación de la existencia humana producida por el acto salvífico de Dios." Martin Franzmann. *Op. Cit.*, 5.

51 "Entonces la iglesia en misión siempre enfatizará que ha sido enviada, alguien la envía. El envío es la forma en que se cumple el propósito del que envía. Así cada envío es en primer lugar una confesión sobre el que envía, el Dios mismo que llega y se manifiesta al ser humano (Is 6:8, Gn 12:1 ss.)" Vicedom. *Op. Cit.*, 47.

La iglesia es, como cuerpo de Cristo, el instrumento por el cual el mensaje del evangelio se proclama en la sociedad (*missio ecclesiae*).

La doctrina de la justificación por gracia por medio de la fe es el tema central de toda la revelación de Dios trino en la Escritura. Esta misma centralidad incluye un movimiento o una acción comprometida con el mensaje del evangelio equivalente al envío que Dios trino establece para que su iglesia llegue a las naciones.

Como la misión es de Dios, Dios dará a su pueblo lo necesario para la tarea. Toda comprensión de la misión de la iglesia se sustenta en los medios de gracia (evangelio en sus múltiples formas de aplicación). Por eso, donde haya temor al testimonio y la reacción del mundo, deben recordar el poder de Dios para moldear y renovar a las personas por la acción del Espíritu Santo por medio del evangelio mismo.

La misión de Dios ayuda a comprender que todo esfuerzo misionero de la iglesia debe encuadrarse dentro del propósito redentor de las naciones. Los cristianos no deben involucrarse en las misiones por un deseo de gratificación personal, sino para servir a Dios (Flp 2:3).

Ser parte de la misión de Dios implica sacrificio. Es una misión digna de ser vivida y por la cual también se puede morir. Así, muchos misioneros han entrado en campos misionales sabiendo que su vida estaba en serio peligro o sus expectativas de vida se verían seriamente afectadas por las condiciones de vida.

Un claro entendimiento de la "misión de Dios" permite al comunicador cristiano reconocer que, como la misión es de Dios, entonces alcanzará su propósito universal y final. El camino o la forma para que así sea permanece oculto al entendimiento humano. Tal desconocimiento desafía a una mayor confianza en el evangelio, que no solo es poder de Dios, también es promesa segura de Dios para su pueblo (*Promissio* – Apl IV, 48, 53-54). Aunque los mensajeros fallen y las personas rechacen el mensaje, la misión de Dios continúa.

Aun a riesgo de enfocar de una forma demasiado estrecha nuestras consideraciones prácticas de los fundamentos y entendimiento teológico de la misión, proponemos los siguientes cuatro marcos amplios de aplicación.[52] Al definirlos como "marcos" estamos reconociendo que representan amplios campos de integración, donde otras disciplinas de estudio, sea que provengan del campo de la teología u otras áreas del saber humano, pueden realizar aportes útiles (aun necesarios) en tanto que no

52 "Quienesquiera que seamos, nos vemos tentados a encarcelar la *missio Dei* dentro de los estrechos límites de nuestras propias preferencias, llevándonos por necesidad a una consideración limitada y reduccionismo." David Bosch. *Op. Cit.*, 512.

contradigan ni reemplacen aquellos fundamentos establecidos al inicio de nuestro análisis. El siguiente gráfico expresa el camino propuesto para poder conectar de forma integral los cuatro campos o marcos que, según entendemos, deben ser informados para un compromiso coherente con la misión de Dios en toda acción que cada iglesia inicie. Los cuatro campos o marcos son: hermenéutica misional, contexto misional, estrategia misionera y formación teológica.

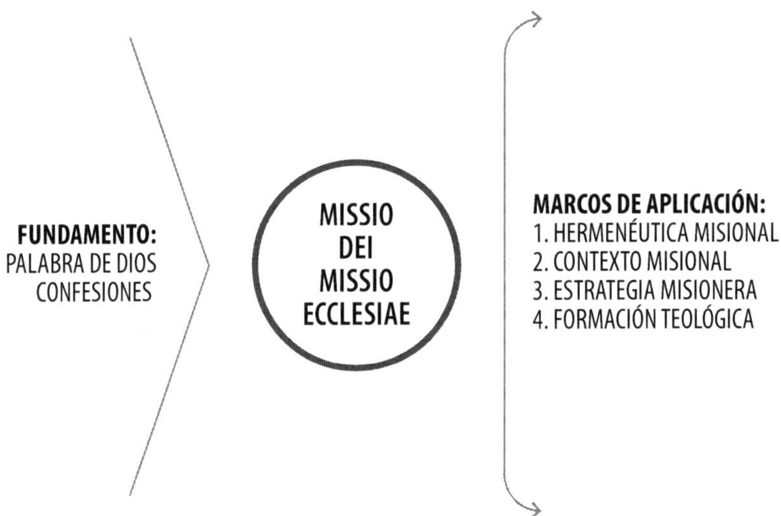

Estos cuatro marcos pueden incorporar otros aspectos del quehacer teológico. Entendemos que son lo suficientemente abarcadores como para poder integrar otros temas que el lector observe necesarios en alguno de estos cuatro. Para el propósito de nuestro recorrido, consideramos estos puntos suficientes para delinear los pasos a seguir para elaborar una teología de la misión relevante para el tiempo histórico que nos toca vivir.

Preguntas de reflexión

¿Qué significa para la vida de la iglesia que Dios está en misión?

¿Por qué es necesario que al hablar de la misión de Dios también consideremos la doctrina de la Trinidad y la revelación de la obra del Padre, el Hijo, y el Espíritu Santo?

¿En qué forma es la presencia de la iglesia en el mundo reflejo de la acción trinitaria para salvación de las naciones?

¿Cuál es la misión de la iglesia?

¿Cuál es el mensaje de la iglesia?

¿Cuál es el propósito de la iglesia cuando se considera a la luz de la misión de Dios?

¿Cómo se relaciona la doctrina de la justificación por la fe con el envío de la iglesia?

¿De qué forma son los "medios de gracia" al mismo tiempo "medios para la misión"? ¿Qué consecuencias tiene en la vida de la iglesia? ¿Cuál es su alcance real o final?

¿Cómo moldea la vida de la iglesia la doctrina de la justificación por la fe?

Capítulo cuatro

EJES DE REFLEXIÓN PARA ELABORAR UNA TEOLOGÍA MISIONAL

Hermenéutica misional

En la medida que desarrollamos el tema de la misión de Dios relacionada a la misión de la iglesia y la forma en que esta se manifiesta desde el texto bíblico, surge la necesidad de reconocer que toda lectura de la Biblia implica una manera concreta de acercarse a ella e interpretarla. En la primera parte de esta sección deseamos considerar el impacto de la lectura e interpretación del texto bíblico desde la perspectiva de la *missio Dei-ecclesiae*, la doctrina de la justificación por la fe y su consecuente envío con el propósito de proclamar el evangelio de perdón de pecados.

Sin lugar a dudas, el tema de la interpretación bíblica merece en sí mismo un desarrollo más elaborado que el que podamos brindar aquí. Sin embargo, y reconociendo la limitación del espacio, buscamos un enfoque que nos permita sostener una base sana y sólida para proponer que toda interpretación bíblica demanda un resultado que no distraiga del tema y propósito central de la Biblia, es decir Cristo, enviado del Padre para redención de las naciones.

En tal sentido es necesario que antes de hablar de teología de la misión podamos sostener un conjunto de principios de interpretación o hermenéutica que reconozcan en el texto bíblico la centralidad de la *missio Dei*. Así logramos reconocer el artículo de la justificación por gracia por medio de la fe –propiamente reconocido como "el artículo por el cual la iglesia permanece o cae"– aplicado a la vida de la iglesia y su actividad. Esto se reconoce por su participación en la evangelización, el afianzamiento de las nuevas comunidades cristianas, el envío de equipos misioneros, y las problemáticas propias de cada comunidad causadas por el encuentro con otras religiones dominantes en el contexto particular donde estos incipientes grupos cristianos se establecen.[1]

1 "El tema hermenéutico es central en una discusión de la teología de la misión contemporánea. No solo debido a las diferentes aproximaciones contemporáneas a la misión que reflejan diferentes métodos hermenéuticos, sino también que la idea de contextualizar la fe cristiana en culturas no occidentales y la etnoteología hacen de este debate algo imperativo." Citado en Jan Jongeneel. *Op.Cit.*, 217.

En su presentación sobre hermenéutica bíblica y confesional Martin Franzmann explica que para entender el significado propio de las palabras (*verba*) es necesario primero identificar el tema fundamental o central (*res*) por el cual cada palabra encuentra significado y sentido dentro del todo. Así, propone un proceso de interpretación circular que nos permite movernos desde el texto (*verba*) para identificar el tema (*res*) que nos regresa al texto (*verba*) con la suficiente claridad para una adecuada y provechosa lectura del mismo.[2]

Desde otra perspectiva, Johannes Verkuyl propone un fundamento bíblico para la teología de la misión "que considere la estructura misma de todo el mensaje bíblico". Una metodología que trascienda el simple uso de textos bíblicos aislados para demostrar la necesidad de la misión de la iglesia. Así, reconoce la existencia de un hilo conductor global en el texto bíblico, pero critica a quienes proponen el tema de justificación por la fe, al considerarlo una aproximación restrictiva.[3] Sin embargo, al desarrollar su propia propuesta, propone varios temas o motivos que puede identificar en el texto bíblico, uno de ellos es la universalidad de la misión, el otro es la acción salvífica de Dios reflejada en términos de rescate (redención) y liberación divina. Ambos motivos encuentran su máxima expresión en la obra de Jesús, particularmente en su muerte sacrificial en la cruz y posterior resurrección.[4] Por lo tanto, aunque en principio considera restrictiva la justificación por la fe como tema central de toda la Escritura (*res*), sin embargo, los elementos que menciona (universalidad, redención, cruz, y resurrección) no son diferentes o extraños al de la justificación por la fe, sino todo lo contrario, son componentes verbales esenciales del tema central y constituyen la proclamación misma del evangelio de perdón por medio de Cristo.

El camino propuesto *verba – res – verba* nos permite considerar que la doctrina de la justificación implica o indica, como *res* de la Escritura,[5] en sí misma el necesario sentido o impulso misional (movimiento dinámico que busca alcanzar más allá de uno mismo) de todo el texto bíblico y cada una de sus partes al considerarlas en particular. De esta manera, el enfoque que da esta doctrina central permite que sin mayores distorsiones –provocadas por la historia y o la tradición eclesiástica– reflexionemos sobre una hermenéutica misional y sus implicancias prácticas para la vida

---

2 "La interpretación es un proceso 'circular' (de *verba* a *res* a *verba*), y en este proceso la *res* es de crucial importancia, ya que la pregunta que se hace al texto ayuda a determinar la respuesta que recibiremos del texto." Martin Franzmann. *Seven Theses on Reformation Hermeneutics*, 2.

3 Johannes Verkuyl. *Contemporary Missiology*. (Grand Rapids: Eerdmans, 1978), 30, 89-90.

4 Johannes Verkuyl. *Op. Cit.* 91-93, 104.

5 Apl IV, 2-4.

de la iglesia y la misión.[6] Esta hermenéutica misional nos permitirá no solo identificar (confesar) la forma en que Dios salva a la humanidad (justificación objetiva), sino también la forma en que el mensaje de salvación será llevado (predicación y testimonio) a la humanidad de modo que el Espíritu Santo haga su obra particular de conversión (justificación subjetiva).[7]

En tal sentido, se afirma que la centralidad del evangelio como mensaje de perdón de pecados no es otra cosa que la encarnación verbal de Cristo mismo en la vida de su iglesia. Cristo mismo es el evangelio, es su contenido, y al mismo tiempo el mensajero. Todo interés o preocupación misionera surge precisamente de la obra de Cristo por medio de su evangelio entre los que le pertenecen. El conocimiento y la enseñanza de la Palabra en el seno de la comunidad cristiana proveerá una visión comprometida con la extensión del mensaje de vida a las naciones. Este es el oficio de Cristo y el mismo que concede a su iglesia.[8]

Una hermenéutica misional debe leer el texto bíblico desde el marco redentor y el propósito o voluntad divina como leemos en 1 Timoteo 2:3-4: "Porque esto es bueno y agradable delante de Dios nuestro Salvador, el cual quiere que todos los hombres sean salvos y lleguen a conocer la verdad." Al mismo tiempo, anticipa el cumplimiento de tal propósito, como se presenta en Apocalipsis 5:9: "Y entonaban un cántico nuevo, que decía: Digno eres de tomar el libro y de abrir sus sellos, porque fuiste inmolado. Con tu sangre redimiste para Dios gente de toda raza, lengua, pueblo y nación." Este pasaje refleja, por ejemplo, lo que anticipa la conclusión de Isaías: "Y a todos los hermanos que ustedes tienen entre las naciones los harán venir, para que se presenten ante mí como una ofrenda… de la

---

6 "Cuando este [evangelio] es predicado en toda su pureza, y por el cual se pueden sostener en las más graves tentaciones…" FC DS, V, 1.

7 Por ejemplo, Lamin Sanneh nos ayuda a comprender que el trasfondo de confrontación con una cosmovisión mayoritaria que busca fagocitar la centralidad y exclusividad del evangelio es permanente en toda la Biblia y particularmente en el Nuevo Testamento: "En el corazón del Evangelio de Juan, por contraste, yace una preocupación profundamente teológica. La tensión gnóstica con el cristianismo surge del intento de cambiar el cristianismo en una religión de "discursos secretos" confiado a los que fueron particularmente instruidos, un hecho que colisiona con el sentido público y comunitario de la proclamación el evangelio (Mc 4:22; Lc 8:17; 11:33; Jn 7:4, 18:20)." En *Translating the Message,* 18.

8 "La voz del evangelio no solo nos dice todo lo que Cristo ha hecho por nosotros, sino también cómo podemos apropiarnos de la reconciliación y justificación por medio de su muerte y sangre, es decir, por la fe. Esta es la *res maxima* y el *praecipuus locus* que llega a ser la misma razón para la existencia de las Confesiones. Por eso, Melanchton a veces llamará al artículo del perdón el punto más importante del evangelio (*praecipuus evangelii locus*) o llamará al artículo de la justificación el tema fundamental de la doctrina cristiana (*praecipuus locus doctrinae Christianae*), pues este es el resultado del oficio y la obra de Cristo." Robert Preus. "The Confessions and the Mission of the Church". *The Springfielder* 39 (June 1975), 25.

manera en que los hijos de Israel traen sus ofrendas a mi casa" (66:20). De la misma forma, no solo el propósito y el resultado final se anticipa, sino también la forma en que se revelará el cumplimiento de toda la obra divina, como leemos en Filipenses 2:11: "para que en el nombre de Jesús se doble toda rodilla... y toda lengua confiese que Jesucristo es el Señor..."

Queda claro que el texto bíblico posee un hilo conductor definitivo, que también manifiesta coherencia cuando prestamos atención al sentido geográfico expansivo que, por ejemplo, se propone en Hechos 1:8. Este pasaje no solo refleja la obra de Dios a través de su iglesia, indica una manera de leer e interpretar el texto que da testimonio de la obra divina. Así que, el mismo impulso misionero evangelizador de los primeros cristianos y luego de las primeras comunidades que se fueron estableciendo a lo largo de este arco expansivo constituye en sí mismo una expresión del necesario entendimiento bíblico misional. En otras palabras, el Espíritu Santo propone a su iglesia una lectura bíblica que movilice al testimonio y servicio al evangelio para salvación de las naciones.

Por eso, podemos proponer un principio de coherencia sostenido en el pensamiento central de la Reforma, central también al pensamiento de Lutero, que la Escritura se interpreta a sí misma, es decir, ella misma se explica, expande, y clarifica para dar lugar al principio de la perspicuidad.[9] Esto quiere decir que la Palabra es claramente comprensible para el que la lee –no es necesario ser "iluminado" o pertenecer a un grupo particular de personas para leerla, enseñarla, y aplicarla–.[10]

Una hermenéutica misional entiende que la palabra de Dios fue dada como fundamento de la fe a la iglesia toda, por lo tanto, cuando la iglesia lee la Palabra revelada se ve a sí misma como responsable de una lectura apropiada del texto bíblico, capaz, no solo de identificar y discriminar la sana enseñanza de la falsa, sino también de involucrarla en el llamado y envío de Dios a las

---

9 "Esta perspicuidad se presupone, por supuesto, no solo para aquellos que están especialmente dotados, sino que todos los cristianos pueden leer las Escrituras, pueden creer sobre la base de la Escritura, juzgando la verdad contra el error con este fundamento." Ver 2 Pedro 1:19; Salmo 19:7; 119:105; 2 Timoteo 3:15; 1 Juan 2:12-13. Francis Pieper. *Christian Dogmatics.* Vol I. (Saint Louis: Concordia Publishing House, 1950), 320. Ver también Apl IV, 224, 280.

10 Aquí por ejemplo Brownson habla sobre la necesidad de articular un sentido de coherencia en la lectura del Nuevo Testamento: "Si uno quiere identificarse como intérprete del Nuevo Testamento, una de las tareas involucradas es el esfuerzo de aprehender y articular una forma en la cual una lectura del Nuevo Testamento como un todo pueda proveer significado." En *Speaking the Truth in Love. New Testament Resources for a Missional Hermeneutic.* (Harrisburg: Trinity Press International. 1998), 30.

naciones, como hicieron los primeros creyentes, por ejemplo los judíos de Berea a quienes el apóstol Pablo predicó el evangelio (Hch 17:11).[11]

Por ejemplo, cuando David Bosch habla del paradigma misional en Lucas-Hechos propone una hermenéutica misional para la interpretación de los evangelios.[12] Aunque su aproximación ha sido criticada, no podemos negar que el mismo texto bíblico destila que la misión redentora de Cristo (Evangelio) encuentra su contraparte en la instrumentalidad de la iglesia para la proclamación de la obra redentora de Cristo (Hechos de los Apóstoles). Es evidente que la misión es central al texto bíblico y el impulso consecuente que la misma Palabra genera en la vida de la iglesia permanece inalterable. Por eso, cuando entendemos que la matriz fundamental de interpretación bíblica puede establecerse desde pasajes como Juan 3:16; 20:21; Lucas 19:10 (del Antiguo Testamento Ezequiel 34:16; Isaías 40:9-11), o Hechos 4:12, reconocemos que la forma de aproximación (o "lentes") al texto bíblico nos permitirá elaborar una sana teología de la misión que comprenda claramente el propósito y la forma de la acción divina primero, para luego aplicarlo en una comprensión del tiempo y momento que cada iglesia vive, buscando predicar el evangelio sin negar su contenido (entendido en términos de comprometerlo o silenciarlo).

De la misma forma, las Confesiones Luteranas sostienen el principio fundamental de la centralidad de la obra (envío) de Cristo como único y suficiente mediador para la salvación de la humanidad (Apl IV, 3). El fundamento o centro de la actividad redentora trinitaria se transforma aquí –o llega a ser también por necesidad– en un principio de interpretación bíblica, por medio del cual la Escritura se abre al renovado entendimiento humano por medio de la fe. Así que Cristo, como centro de la Escritura, articulado en la doctrina de la justificación por la fe, no solo es mensaje, sino el medio por el cual se traduce, actualiza y comunica en

---

11 "Tanto la misma Escritura como los padres de la Iglesia Primitiva enfatizan la importancia de estudiar la palabra de Dios en comunidad. La lectura y el estudio de la palabra de Dios en comunidad pueden ayudar a mitigar el etnocentrismo y el egocentrismo del que oye o lee la Palabra. Etnocentrismo quiere decir entender las cosas únicamente desde la perspectiva de nuestra propia cultura y de nuestras propias experiencias. La cultura de la mayoría de las personas que viven en Europa y Norteamérica ha sido calificada como una cultura muy individualista, mientras que la cultura de los hebreos, de quienes leemos en el Antiguo Testamento, fue una cultura sumamente comunitaria." Rodolfo Blank. *Hermenéutica. Principios de Interpretación Bíblica.* (Saint Louis: Editorial Concordia, 2006), 107.

12 "Así el bosquejo general de los dos libros es geográfico, de Galilea a Jerusalén y nuevamente de Jerusalén a Roma, pero esto sin dudas tiene más que un significado geográfico. La geografía simplemente viene a ser una forma de aportar significado teológico (o misiológico). Lucas lo emplea para demostrar la relación entre la misión de Jesús y la misión de la iglesia. Jerusalén, en particular, es para Lucas mucho más que un centro geográfico". En David Bosch. *Op. Cit.,* 88-89.

la vida de la iglesia la buena noticia del evangelio. Al mismo tiempo es también la salvaguarda en contra de toda enseñanza que busque instalar acciones u obras humanas (ley) como necesarias o meritorias para lograr el perdón de los pecados.[13]

Por eso, proponemos considerar el valor de una hermenéutica que destaque la centralidad de la misión como parte integral del reconocimiento que la obra redentora de Cristo es la clave necesaria para entender el mensaje de la Biblia en su totalidad, destacando juntamente que, más allá de la variedad de autores y contextos particulares de su escritura, existe finalmente un solo Autor, Dios mismo.[14] Así, en relación al texto del Nuevo Testamento y particularmente sus cartas, vemos que se desarrollan en torno a situaciones particulares propias del trabajo misional, de los desafíos que la misión provoca tanto dentro como fuera de la comunidad cristiana.[15]

Ante tales desafíos, la palabra de Dios (visible en las epístolas) viene a proveer una interpretación y aplicación de la verdad eterna de Dios para su pueblo en tales circunstancias. Identificamos que en el seno de las nacientes comunidades cristianas surgen inquietudes o necesidades que clasificamos en tres áreas: teológica (sobre la revelación salvífica de Dios trino en términos de pecado-gracia y ley-evangelio), comunitaria (divisiones, desviaciones, dudas surgidas en las congregaciones, enseñanza o formación continua), y ética (cuál es el fundamento y su consecuente conducta concreta en la vocación cotidiana). Todo esto se da en el contexto de la reconfiguración de la cosmovisión[16] de los nuevos creyentes (judíos y gentiles) para preservar equilibradamente la tensión entre vivir en el mundo (al que son enviados) sin correr el riesgo de volver al mundo (del que fueron llamados por el evangelio). Esta tensión fue anticipada por el Señor Jesús en los evangelios (ej, Jn 17:14-16; Mt 5:14-16) y se fue manifestando ya entre los primeros cristianos claramente (ej, Heb 13:12-14;

---

13 Martim Warth. "The Way to Concord". En *Formula for Concord. Essays.* (Saint Louis: CTCR, 1977), 41.

14 James Voelz. *What Does This Mean? Principles of Biblical Interpretation in the Post-Modern World.* 2a edición. (Saint Louis: Concordia Publishing House, 1997), 242-43.

15 "A los creyentes hay que recordarles el mensaje ya oído y sus consecuencias en la vida de todos los días. Mientras que la proclamación misionera termina con un llamamiento al bautismo, la predicación a la comunidad insiste en que se tenga siempre presente la acción salvífica de Dios, operada por Cristo y ya experimentada, y en que se vuelva constantemente a reflexionar sobre ella... tiene por meta ordenar la vida cotidiana del cristiano según la pauta de la fe..." Josef Schreiner. *Op. Cit.*, 291.

16 La cosmovisión se conforma de "...presuposiciones cognitivas, afectivas, y evaluativas que provee a las personas con una forma de ver el mundo que le permite darle sentido a todo, con un sentimiento de estar en casa y que todo estará bien. Esta cosmovisión sirve como fundamento sobre el cual ellos construyen su explícito sistema de creencias y valores, y las instituciones sociales dentro de las cuales viven diariamente sus vidas." Paul Hiebert. *Anthropological Insights for Missionaries*, 47.

1 P 2:11-12; 2 P 2:20-21). Así el texto bíblico se articula de tal manera que responde, presenta y estimula a la iglesia cristiana a comprender su propia realidad dentro del marco redentor en el que Dios mismo la coloca para proclamar la verdad eterna en el mundo. La hermenéutica bíblica permite a la iglesia articular su mensaje en cada una de estas tres áreas propuestas, resultando en un testimonio que lleva el evangelio al mundo (evangelización), que le permite perseverar en la fe en su forma comunitaria (eclesiología) y sostener su vocación e identidad cristiana individual/familiar (ética) de tal forma que enfrenta en el poder del evangelio a una sociedad (cosmovisión mayoritaria o dominante) que rechaza la presencia de la iglesia y su mensaje.

El siguiente esquema reconoce estas instancias y observa que la hermenéutica misional permitió y permite sostener a las comunidades cristianas en medio de la búsqueda de fidelidad y relevancia en cuanto al evangelio como mensaje y proclamación del perdón.

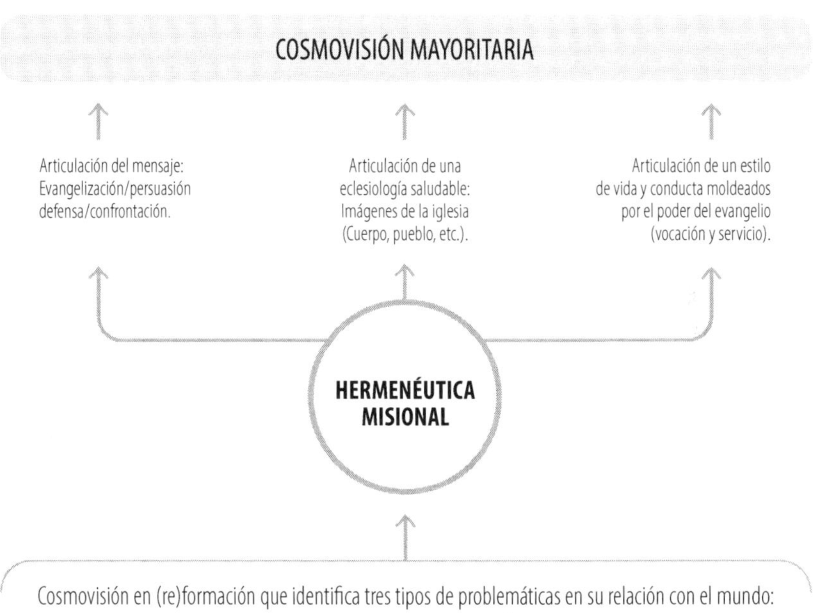

Así como el carácter universal y contenido del evangelio proveen el centro de interpretación para una sana hermenéutica, agregamos que el mismo evangelio aparece como límite o punto de contención para evitar desvíos que terminen perdiendo de vista el propósito de toda acción en torno a la lectura del texto bíblico, pero más aun en la vida de la iglesia.[17] De la misma forma que proponemos tres áreas de confrontación con el mundo, también consideramos que la hermenéutica misional identifica tres principios o áreas de aplicación hacia dentro, en el seno de la iglesia y su quehacer teológico como resultado de la confrontación mencionada.

Por ejemplo, Pablo advierte a los Gálatas que ni siquiera un ángel puede cambiar el contenido y propósito redentor del evangelio (Gl 1:9). Entonces, la hermenéutica misional también nos ayuda a preservar el verdadero propósito de la interpretación bíblica para elaborar una teología de la misión para la vida de la iglesia y al mismo evitar una lectura que limite (clericalismo), recluya (monasticismo) o contamine (colonialismo) el evangelio.[18]

Los tres principios que logramos identificar nos permiten detectar y evitar extremos o desvíos que impidan un compromiso total con la misión de Dios de parte de la iglesia:

La hermenéutica misional nos permite afirmar tres principios (o garantías) que previenen en contra de posibles desvíos de la centralidad de la misión de Dios en la forma de interpretar y aplicar la Palabra (evangelio) en la vida de la iglesia:	
1. Para toda la iglesia. 2. Para la extensión del evangelio. 3. Para la renovación de la mente.	1. Lectura clericalista. 2. Lectura monástica. 3. Lectura colonialista, conservadora, dominante (determinada por la cultura eclesiástica).

Estos tres principios afirman que la misión de Dios involucra a toda la iglesia (cada uno de sus integrantes), que tiene como propósito esencial la extensión constante del evangelio (en términos de proclamación y enseñanza), para que finalmente se manifieste en la renovación de la mente de los que son llamados a formar la nueva comunidad, es decir la iglesia.[19]

---

17 "Pues precisamente para eso se han escrito los evangelios y las cartas de los apóstoles, para que ellos mismos sean tales indicadores, orientándonos en la Escritura de los profetas y de Moisés, es decir en el Antiguo Testamento, e instruyéndonos para que leamos allí mismo y veamos cómo Cristo está en ella envuelto en pañales y puesto en el pesebre, es decir, como está contenido en la Escritura de los profetas... Resulta, pues, evidente, al fin y al cabo, que el evangelio mismo es indicador e instructor en cuanto a la Escritura." Martín Lutero. "Lo que se Debe Buscar en los Evangelios". *Obras* VI, 43-44.

18 "El término evangelio tiene un carácter distintivamente público, identifica la fe cristiana como la noticia que tiene significancia para todas las naciones, en verdad para todo el mundo, no solo como un entendimiento esotérico o intelectual". Brownson. *Op.Cit.*, 46.

19 "La novedad que Pablo está proclamando está íntimamente conectada con su propia obra misionera como judío que hace misión entre gentiles. Y precisamente lo que está haciendo es fundar iglesias, comunidades de gente nueva que tienen que expresar esa novedad que el evangelio trae, aunque ella dé lugar a mucho problemas pastorales que encontramos en las epístolas". Samuel Escobar. "La Búsqueda de una Cristología Misiológica en América Latina." En *De la Misión a la Teología*. (Buenos Aires: Ediciones Kairós, 1998), 37.

La hermenéutica que se articula en consideración de la centralidad del evangelio como mensaje y motivador en la actividad misionera de la iglesia reconoce que hay un contexto particular en el cual se escribe el texto bíblico y que permite vislumbrar la forma en que se logra preservar la centralidad del evangelio y al mismo tiempo reflexionar sobre las diversas problemáticas que surgen en la conformación comunitaria y la interacción con la sociedad.[20]

De esta forma, al sostener que el evangelio es "buena noticia" y mensaje para ser comunicado, también vemos que posee un carácter universal determinado no solo por el envío a las naciones, sino también porque es para toda la humanidad, en tanto que la necesidad del evangelio es común a cada ser humano. La universalidad del evangelio determina que la iglesia misma, como fruto de la predicación, es asimismo universal. Tal carácter o atributo de la iglesia se encarna, como consecuencia de esta identificación de vida con el evangelio, en una retroalimentación constante con el mensaje que proclama para ir a las naciones, que en definitiva es de donde ella misma proviene. Así, por lo tanto, la centralidad del evangelio como mensaje y su propio carácter universal previene una forma de interpretación bíblica que imponga sobre el texto una mirada cultural e histórica particular, que signifique finalmente la transmisión de un mensaje vestido tal forma que resulta difícil distinguir lo eterno de lo terrenal.[21]

En consonancia con la universalidad del mensaje, también debemos reconocer la universalidad del envío que, ya afirmamos, es inherente y consecuente con la centralidad de la justificación por la fe en el texto bíblico. Por lo tanto, toda limitación geográfica o étnica que la iglesia evalúe en su mirada misionera también necesita ser corregida por una equilibrada hermenéutica misional en la lectura bíblica. Esta tensión en la vida de la iglesia ha existido desde el principio.[22] El impulso misionero se vio limitado por interpretaciones exclusivistas y expectativas personales o particulares que obstaculizaban una proyección misional más amplia que

---

20 "...muchos escritos del Nuevo Testamento buscan corregir o modificar el entendimiento de otras personas con respecto a la verdadera naturaleza de las tradiciones judías y cristianas y su aplicabilidad a situaciones específicas. El proceso de pasar una tradición es al mismo tiempo un proceso de (re)definir tal tradición, de ubicar el centro de la tradición, y distinguir ese centro de lo periférico y de lo que es incompatible con esa tradición." Brownson. *Op.Cit.*, 38.

21 "El cristiano que construye puentes es tentado a veces a inclinar el puente hacia el lado de su propia cultura. El cristiano siempre se ve inclinado a tratar de explicar el mensaje bíblico con tanta claridad en términos de la racionalidad de nuestra cultura que el mensaje de las Escrituras puede quedar torcido y fuera de foco en el mejor de los casos, o, en el peor de los casos, es completamente negado o perdido." Robert Kolb. *Speaking the Gospel Today.* (Saint Louis: Concordia Publishing House, 1995), 17.

22 David Bosch. *Op. Cit.*, 64-65.

la que podían considerar los involucrados.[23] En definitiva, tanto mensaje como proclamación se unen como componentes necesarios del envío de Dios trino a través de la iglesia hacia todas las naciones.[24]

Además, cuando consideramos en conjunto la universalidad, exclusividad, y coherencia del evangelio como mensaje que rompe la esclavitud del pecado por la recepción del perdón de los pecados por medio y a causa de Jesucristo, también descubrimos la dimensión integral del evangelio.[25] El evangelio entregado como mensaje de vida es también motivación para vivir el ahora de una forma comprometida con toda la palabra de Dios de forma tal que el poder del evangelio y la libertad que concede formatea un nuevo estilo de vida, una nueva manera de ver el mundo sin aferrarse a él, pero sin ignorarlo. En esto, la vida cristiana nutre su compromiso social de amor y servicio de la misma misericordia divina que recibe.[26] La dimensión integral del evangelio, es decir, que reconoce al ser humano en su contexto, con su pecado, sus desafíos y posibilidades, nos permite elaborar un abordaje de la teología y práctica de la misión que no niegue, sino que contemple el compromiso de la iglesia enfocado hacia cada aspecto esencial de la vida humana.[27]

La universalidad del evangelio y su integralidad no deja de reconocer que cada contexto misional es particular, único en sí mismo, lo cual nos previene de ignorar intencionalmente este aspecto y nos anima a abordarlo seriamente. Por eso, afirmamos que el verdadero carácter universal del evangelio logra interpelar al ser humano en su propio contexto cultural de tal forma que no solo arroja, por medio de la ley, luz sobre la condición natural del ser humano pecador, sino que también cuestiona particularmente valores y conductas que contradicen la voluntad de Dios.

23 Aquí, por ejemplo, podemos recordar la situación vivida por Pedro en su visión de Hechos 10. A través de la intervención divina el apóstol debió corregir su propia apreciación del alcance de su apostolado y de la universalidad del envío. Como resultado de la nueva comprensión, Pedro concluye: "...a él le agrada todo aquel que le teme y hace justicia, sea de la nación que sea..." (v 35).

24 Francis DuBose. *Op. Cit.*, 25.

25 "La dimensión integral del evangelio nos permite comprender la riqueza de la enseñanza del Nuevo Testamento sobre la naturaleza del ser humano, que viene precisamente dentro de un marco misiológico." Samuel Escobar. *Op.Cit.*, 36.

26 "Por cuanto Jesús es el que es (la misericordia encarnada), hace lo que hace (salva misericordiosamente) y nos hace conforme a su propia imagen (gente misericordiosa). Cuando una persona o una congregación rechaza la misericordia, tal persona o congregación está rechazando a Cristo." Mathew Harrison. *Cristo, Ten Piedad. Cómo Poner Nuestra Fe en Acción.* (Saint Louis: Editorial Concordia, 2013), 43-44.

27 Desde la antropología misiológica se consideran los siguientes temas como fundamentales de la vida y cultura humana: familia y relaciones de parentesco, economía y tecnología, hábitat, religión, sistemas de comunicación, estructuras y grupos sociales, formas de gobierno y control social. Cada uno de ellos resulta inherente a una evaluación integral de la vida de un grupo de personas; por lo tanto, nos permitirá identificar los espacios de encuentro que estos temas generan para el anuncio del evangelio. Ver Paul Hiebert. *Cultural Anthropology.* (Grand Rapids: Baker Books House, 1995).

Igualmente, concede al ser humano en pecado el perdón, el poder del evangelio y una nueva forma de observar la realidad y de hablar, pero dentro de su propio contexto cultural. De esta manera, Dios preserva a su pueblo proveniente de cada nación de la tierra, pero al mismo tiempo preserva el testimonio del evangelio en cada nación de la tierra por medio de su iglesia.[28]

Con todo lo dicho, nos queda destacar que el evangelio es un mensaje de vida, pero vivo y relevante en sí mismo. Es el compromiso de la iglesia cristiana que tal relevancia sea el criterio primordial al comunicarlo. Cabe aclarar que no corresponde a la iglesia "hacer" relevante, pues el evangelio lo es por sí mismo, incluso cuando es despreciado. Sí corresponde a la iglesia que el mensaje que predica permanezca bajo la dirección de la Palabra y no se aparte de ella; aquí reside la relevancia de la tarea y responsabilidad de los mensajeros. Por ejemplo, Robert Kolb propone considerar el concepto "actualización" para referirse a la tarea de la iglesia de proclamar el evangelio a personas particulares que viven en un contexto histórico, social, y cultural determinado.[29] Esta manera de considerar la tarea de la iglesia conecta apropiadamente la necesidad de una sana interpretación bíblica que se enfoca en proclamar el evangelio como mensaje para la sociedad. Es evidente que esta conexión nos lleva una vez más a un principio fundamental de la hermenéutica y predicación bíblica y misional: Ley y Evangelio. La forma más cierta y equilibrada de actualizar y aplicar el mensaje bíblico a un contexto particular es dar testimonio de tal forma que siempre terminemos confrontando el pecado y anunciando el consuelo que da el perdón de los pecados.[30]

---

28 "El alcance del envío de Dios es que su Ley y Evangelio sea proclamado en todo espacio habitado entre las naciones. Cada nación ofrece un ambiente particular para la proclamación de la Palabra de Dios; como resultado, el pueblo de Dios siempre usará la vestimenta local. Para lograr la misión de proclamación, el pueblo de Dios es enviado como peregrino, yendo de pueblo en pueblo, de continente a continente, y así lleva el día de la salvación a las naciones". Anthony Steinbronn. *Worldviews,* 14.

29 "[El Espíritu Santo] guía y aconseja por medio del estudio intensivo tanto de la Palabra como de la cultura en la cual nos ha llamado a servir. Él nos guía y aconseja por medio de hermanos creyentes que se comprometen juntos a estudiar el contenido o enseñanza de la Palabra y su aplicación y proclamación en su sociedad." Kolb. *Op. Cit.*, 17.

30 "Ya que la distinción entre la ley y el evangelio es como luz muy resplandeciente que sirve para que la palabra de Dios sea dividida correctamente y la Escritura de los santos profetas y apóstoles sea debidamente explicada y entendida, debemos guardarla con cuidado especial a fin de que estas dos doctrinas no se mezclen entre sí o el evangelio sea transformado en ley, pues con esto último se oscurece el mérito de Cristo y se despoja las conciencias perturbadas del dulcísimo consuelo que tienen en el santo evangelio, cuando este es predicado en toda su pureza, y por el cual se pueden sostener en las más graves tentaciones con que pueden ser acosados por los terrores de la ley." FC DS, V 1.

Contexto misional

El contexto geográfico, histórico, y social donde la iglesia (su cultura) se desarrolla y encarna el envío de Dios es fundamental a la hora de considerar las formas que tomará el objetivo fundamental que es la proclamación del evangelio. Al reconocer la importancia del contexto misional también nos tomamos el tiempo necesario para ver que en más de una ocasión es el componente humano e instrumental de la acción misionera el que construye las excusas, prejuicios o incluso también la sobrevaloración del mismo.

Así, por ejemplo, el caso de Pedro y su reacción prejuiciosa y limitada en relación a la misión hacia los gentiles (Hch 10) nos muestra que la iglesia misma puede ser un obstáculo en la consideración del contexto misional, cuando se niega a cruzar los límites de seguridad o "zona de confort" para encontrar a los "Cornelios" que Dios trino pone en su camino. De esta forma, al reflexionar sobre el contexto en el cual la iglesia proclama el evangelio, se producirá un reconocimiento de las propias limitaciones y al mismo tiempo la claridad suficiente (así es como Pedro concluye: "Dios me mostró..." v 28 "... en verdad comprendo ahora..." v 33) para identificar la ceguera que impide ver en la misma palabra de Dios cuál es el propósito de la iglesia toda y de sus hijos en particular en relación al anuncio del evangelio. Siguiendo con el ejemplo de Pedro y su visita a Cornelio, podemos observar la tensión que implicó en la comunidad cristiana de judíos cruzar la frontera étnica, social, y política hacia otros grupos culturales. El avance fue progresivo y cauteloso al mismo tiempo, producto de un movimiento natural del evangelio mismo (incontrolable buena noticia), pero no sin recelos y confrontaciones internas y externas en la vida de la iglesia (por ej: Hch 8:19; 15:1; 14:19; 16:19; 17:5, 7 y 13).[31]

Aquí también queda en evidencia que la tarea de la iglesia en la consideración del contexto no es extraña o ajena a su quehacer teológico misional, ya que en principio la motivación para la acción misionera implica el cruce intencional de toda barrera que identifiquemos en el mismo contexto.[32] Por eso, la teología de la misión también comprenderá que debe prestar atención al contexto en el cual se elabora, no será una tarea de trasplante, sino de reflexión y aplicación por medio de la cual se logrará un "tenso"

---

31 "Cuando los apóstoles comprendieron la misión como una obligación ineludible del evangelio, los primeros grupos de personas a quienes dirigieron su mensaje fueron los judíos, judíos prosélitos, o gentiles formados en la atmósfera favorable de las presuposiciones judías (e.g. Hch 10:22)". Lamin Sanneh. *Op. Cit.*, 10.

32 Charles Van Engen. *God's Missionary People. Rethinking the Purpose of the Local Church.* (Grand Rapids, Baker Book House, 1991), 26-28.

diálogo que desafía (contexto) e interpela proféticamente (iglesia). Podremos graficar esta tensión con el siguiente esquema:

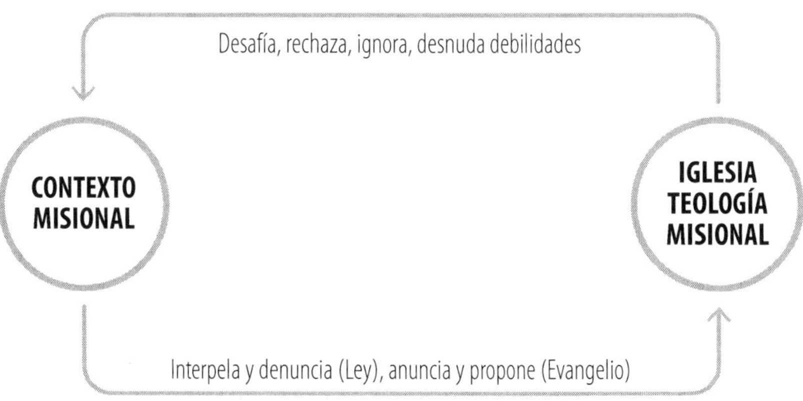

Identificar el contexto en el cual se predica el evangelio no es dejar que el mundo imponga su agenda, lo cual sería un extremo acrítico en la consideración de la sociedad. De la misma forma, también es cierto que no ignoramos la agenda ni las ideologías que imperan en la sociedad (por ej, en Hch 17:22 Pablo dice: "He observado que…"). Si así fuera, en lugar de establecer un "tenso diálogo", solo se ejecutaría un "sordo monólogo" con lo cual negaríamos la esencia comunicativa y creativa misma de la misión. Entonces, afirmamos que implica reconocer que el mundo tiene una agenda y sin embargo es posible conservar una identidad que nos permite meternos en esa agenda para subvertirla a través de un mensaje que marca la diferencia y ofrece una nueva perspectiva. Aun y más allá del espíritu secularizador que pretende encerrar al evangelio y sus interlocutores en la esfera de la vida privada, puertas adentro de las comunidades cristianas, es imperioso no ceder ante la tentación de recluir la actividad de cada comunidad a un simple mantenimiento o preservación de lo ya logrado.[33] Este es el sentido del envío de Dios al mundo, el cual no puede restringirse a conservar firmes las defensas establecidas por una cultura eclesiástica frente a la sociedad. Por eso, acordamos que es necesario saber dónde estamos parados en términos del contexto misional, pues esto no significa otra cosa que conocer a quién hablamos y sobre qué

33 "La dicotomía entre un mundo de los llamados hechos objetivos que puede ser conocido científicamente aparte de todo compromiso de la fe de parte del que conoce y un mundo de creencias que solo son la responsabilidad personal del creyente es precisamente lo que debe ser cuestionado a la luz del evangelio." Lesslie Newbigin. *Foolishness to the Greeks.* (Grand Rapids: Eerdmans, 1986), 50.

le hablamos.[34] Implica un reconocimiento de la historia particular que cada oyente tiene, así como de la historia en la que Dios quiere incluirlo.[35]

Como ya mencionamos en la sección anterior, Robert Kolb propone usar el término "actualización" para referirnos al compromiso necesario del testigo o predicador cristiano con su audiencia. Este compromiso con el oyente siempre implica la mirada sensible que surge del evangelio en el proceso de su comunicación.[36] Pero esta sensibilidad hacia el contexto que predicamos debe prevalecer también cuando estudiamos la palabra de Dios para no negociar el contenido en función de una mayor atención o para evitar la confrontación. La confrontación, la indiferencia o el rechazo son consecuencias posibles a la predicación del evangelio, no debe sorprendernos aunque nos duela (Hch 17:32). El motivo de considerar el contexto en el cual hablamos nos coloca en la posición de voceros de un mensaje que necesita ser oído, pero que al mismo tiempo no quiere ser oído, pues la ceguera espiritual humana natural impide el deseo humilde de hacerlo (FC DS, II, 5-7). Así, nos damos cuenta que todo esfuerzo de parte de la iglesia por lograr atención y fomentar la relevancia de su presencia en un determinado contexto social no es una manera de querer hacer la obra que le corresponde a Dios, sino de hacerse cargo de la tarea que el mismo Dios le ha concedido como parte del envío que le ha dado.

Junto al concepto de actualización que hemos analizado también podemos considerar la propuesta de Lamin Sanneh que atribuye a la acción misionera de la iglesia el término de "traducción". Su uso del término es mucho más amplio que el del uso habitual, entendido como pasar de un idioma a otro un texto dado. Sanneh le concede mayor amplitud para considerar que el "genio particular" histórico de la misión cristiana ha sido precisamente establecer este diálogo tenso con cada cultura en la que el evangelio fue predicado. Una relación sana del mensajero con el mensaje y su centralidad como poder para la salvación permitirá evitar

34 Un instrumento útil para identificar el momento y la situación de nuestro contexto misional puede ser una encuesta barrial o zonal que nos permita determinar ordenadamente aspectos fundamentales de la sociedad y cultura circundante. Ver Apéndice 1 de este libro.

35 "Nadie conoce el mensaje en un vacío histórico". Lesslie Newbigin. *The Open Secret.* (Grand Rapids: Eerdmans, 1995), 134.

36 "Actualización de la palabra de Dios es redirigir su mensaje a las circunstancias de nuestros días... Pues él recrea de la misma forma en que creó: por medio de su Palabra. Su Palabra no es un balbuceo, tiene contenido... El contenido de la palabra de Dios en palabras ordinarias es de suprema importancia y da vida." Kolb. *Op. Cit.,* 17-18.

el relativismo y/o absolutismo cultural que ponga en riesgo el objetivo mismo de la misión.[37]

Tomando en cuenta las consideraciones anteriores, corresponde que identifiquemos los aspectos centrales o más destacados de nuestro contexto social. Sin dudas, nuestro gran desafío será pensar y actuar en función de, al menos, los dos interrogantes siguientes:

- ¿Qué implica asumir la tarea de hablar en una sociedad que no considera el mensaje de la iglesia?
- ¿Cómo haremos para no dejarnos llevar por la corriente de ideologías que ponen interrogantes a toda fuente de autoridad, imponiendo una agenda que niega la fe como fundamento para entender la vida humana?[38]

Estas preguntas no son nuevas, son el planteo propio de todo cristiano, hijo de Dios, consciente de la realidad que, por la fe, observa en las promesas y los mandamientos bíblicos. Así, por ej, Martín Lutero, en su Catecismo Mayor, cuando explica el primer mandamiento elabora una interpretación teológica de la vida humana. Allí asume las dos preguntas anteriores para responder en relación a ambas que la naturaleza humana y el contexto misional están marcados por el anhelo innato de edificar una estructura mental o cosmovisión que le provea seguridad y satisfacción. De esta forma, el ser humano construye sus "propios altares" o cultos para reverenciar lo que entiende le da las respuestas necesarias a sus inquietudes. Lutero concluye que en la historia humana siempre se puede determinar alguna forma de culto en el cual se confía y espera algún tipo de bienestar.[39] Así como concluye que todo grupo humano desarrolla y sostiene alguna forma de culto con el propósito de asegurar ciertos bienes –poder, riqueza, felicidad, placer, seguridad, etc.– de la misma forma advierte que todo mensaje que confronte o ponga en duda

---

37 "Así misión como traducción hace la amplia y fundamental afirmación que la cultura receptora es el destino auténtico de la promesa salvífica de Dios, como consecuencia, tienen un lugar particular por causa de "la bondad de Dios", con la salvedad que se evite el absolutismo cultural. Al establecer una distinción entre el mensaje y su mensajero, la misión entendida como traducción afirma la *missio Dei* como el poder invisible que moviliza en su tarea. Es la *missio Dei* la que permite la traducción para ensanchar los límites de la proclamación." Sanneh. *Op. Cit.*, 31.

38 "Los sistemas de valores encarnados en estilos de vida no son correctos o incorrectos, verdaderos o falsos. Son tema de elección personal. Aquí el principio operativo es el pluralismo, el respeto por la libertad de cada persona a elegir los valores por los cuales él o ella vivirán." En *Foolishness to the Greeks*, 17.

39 "Te será, por otra parte, fácil ver y juzgar que el mundo practica un culto divino falso y se entrega a la idolatría. En efecto, no ha habido jamás un pueblo tan perverso como para no levantar y mantener un culto divino, pues cada uno ha erigido un dios particular, del cual se esperaban los bienes, la ayuda y el consuelo... Cada uno endiosaba aquello hacia lo cual lo llevaba su corazón. Por eso, según la opinión de los paganos, tener un Dios consiste en confiar y creer." CMa, I, 17-19.

tal cosmovisión y estructura que provee seguridad será considerado como una afrenta y traerá rechazo evidente o indiferencia.[40]

Podemos reconocer un evidente paralelo con la experiencia del apóstol Pablo en el Areópago de Atenas (Hch 17:16-34). Allí, él pudo identificar el sistema de culto propio del contexto misional, así como la forma en que los atenienses encontraban seguridad y consuelo a través del mismo. El apóstol identifica las certezas propias de la cosmovisión ateniense y las confronta predicando al verdadero Dios, su propósito eterno y la forma en que lo cumple por medio de Jesucristo, quien finalmente traerá el juicio sobre la incredulidad. De esta forma, entendemos que el análisis del contexto misional en su descripción e interpretación necesita enmarcarse teológicamente dentro del entendimiento y la aplicación del primer mandamiento. Comprender un contexto misional sin la capacidad de hacerlo teológicamente se reducirá a una estadística o descripción fenomenológica de la cultura.

A continuación, prestaremos atención a ciertos aspectos amplios y propios de la cosmovisión actual y posmoderna que se consideran como valores necesarios, dando seguridad, y que al mismo tiempo representan un desafío para el testimonio cristiano:

Individualismo

Desde la aparición de libros que abordan el tema, tales como "El Hombre Light", mucho se ha dicho sobre la posmodernidad y una de sus consecuencias definida por Zygmunt Bauman como la "liquidez de los vínculos" deja entrever que el análisis del tiempo que nos toca vivir está marcado por la falta de un fundamento sólido y confiable. La fragmentación de la vida humana y desintegración del tejido social, desde el cual cada individuo se integraba en grupos humanos, han llevado a perder, no solo el sentido de pertenencia, sino también la concepción de que tal sentido es vital para la construcción de la identidad.

Frente al relativismo con respecto a todo cuanto demanda una posición y cierta solidez para construir sobre un fundamento que perdure, observamos que en su lugar se nutre y sustenta una constante disgregación de los vínculos más fundamentales de la vida humana: el matrimonio, la familia, y los hijos. Existe en la sociedad una mirada hacia el otro, hacia el prójimo, de desinterés y carencia de compromiso. Toda relación significativa está

---

40 "Si se les predica o se les dice, no quieren escuchar; si se les censura, a fin de que se conozcan a sí mismos y se corrijan antes de que sobrevenga el castigo, se encolerizan y se vuelven aun más necios..." CMa, I, 38.

marcada por la desesperanza de lo efímero, de lo que ya se anticipa que no durará mucho. Así, un aspecto esencial de la sociedad en que vivimos es el evidente "desencanto" de las personas por la cantidad de promesas sin cumplir que lo van rodeando.[41]

La mencionada liquidez de los vínculos se ve reflejada, no ya solo en la falta de compromiso, sino en la incapacidad habitual de comprometerse con algo, cualquiera sea la índole o el ámbito en el que sea necesario, pero principalmente en las relaciones personales.[42] Esta incapacidad forjada por la inexistencia del hábito de comprometerse o hacerse cargo de un ideal o proyecto de vida elimina la mirada hacia el futuro. Lo efímero de los vínculos es consecuencia del individualismo, ya que nadie, excepto uno mismo, puede apreciarse seriamente de tal forma que pueda establecer una demanda personal. Tal responsabilidad de responder al compromiso particular con otro es interpretada como una limitación de la libertad y autonomía del individuo.

Relativismo

Otro aspecto que es necesario ampliar es el del relativismo. Se relaciona con la idea que entiende el conocimiento como una actividad propia de cada individuo o grupo humano y por lo tanto subjetivo, es decir particular de quien lo establece y relativo a ellos mismos. En este sentido todo conocimiento resulta ser incompleto y por lo tanto cuestionable en sí mismo o particularmente válido para quienes así lo sostienen. Entonces, llegamos a encontrar expresiones tales como: "Esa es tu verdad, pero no es mi verdad" o "cada uno tiene su verdad".[43] Pero también encontraremos personas que simplemente descartan la posibilidad de que haya algún concepto o idea al que podamos considerar de valor absoluto, mucho menos denominarlo "la verdad".

En consecuencia, todo juicio que arroje la definición de un valor apropiado para la vida de las personas no se realiza en función de términos verdadero-falso. Como nada es verdad, entonces sin dudas nada puede ser

41 Luis González-Carvajal, *Op. Cit.,* 156.

42 Zygmunt Bauman. *Amor Líquido. Acerca de la Fragilidad de los Vínculos Humanos.* (México: Editorial Fondo de Cultura Económica, 2005), 75.

43 Paul Hiebert afirma que el relativismo es el resultado inevitable del pluralismo y del deconstruccionismo: "Ya no podemos hablar de verdad objetiva. Todas las creencias, incluyendo aquellas de la ciencia, son subjetivas y privadas. Los efectos de esta conclusión ahora se pueden ver en nuestra respuesta a otras religiones. Un gran número de autores afirman ahora que nuestra tarea no es convertir a otros al cristianismo, sino afirmar el bien en todas las religiones." En "The Gospel in Our Culture: Methods of Social and Cultural Analysis". En *The Church Between Gospel and Culture.* (Grand Rapids: Eerdmans, 1996), 154.

mentira, todo es relativo y depende de la consideración particular o conveniencia (pragmatismo) de quien deba decidir. Por lo tanto, se descarta la categoría de valor por la del sentimiento, y las decisiones se elaboran en función del eje me gusta-no me gusta, el cual por supuesto es una clara expresión de subjetivismo. En pocas palabras, las decisiones de vida y los proyectos que ellas construyen encuentran su fundamento en sentimientos, no en hechos. Así, ya no hay verdad en la cual creer, sino deseos a seguir o que se intenta satisfacer.

Además, el relativismo moldea de acuerdo a una forma de pensar poco sistemática u organizada, por lo que resulta en una sumatoria de ideas o conceptos a los que se adhiere, pero que no necesariamente deben ser consistentes o coherentes cuando son considerados en su conjunto. Así, por ejemplo, es posible afirmar las enseñanzas bíblicas y al mismo tiempo creer en la reencarnación.[44] Uno de los motivos de esta incoherencia de creencias es que el criterio de definición no depende de una verdad objetiva, sino del propio agrado individual. Entonces, no es necesario creer en lo que sea verdadero, sino en lo que "me gusta". Por eso, donde no hay un parámetro objetivo, lo racional es reemplazado por la estética particular del individuo.[45]

Finalmente, se destaca un rechazo generalizado hacia la autoridad y la institución que no puede ordenar qué hacer, pero que debe permanecer para garantizar que cada uno pueda hacer lo que quiera. La valoración de la cosmovisión actual se construye sobre el respeto por la diversidad (multiculturalidad y pluralidad), el rechazo de la autoridad como fuente del saber y un énfasis en lo grupal por sobre la conciencia individual (solidaridad más que pertenencia o inclusión). La sociedad es responsable de los actos individuales, pues ofrece o niega las oportunidades a cada persona y moldea sus conductas. Esto libera al individuo de toda responsabilidad y lo coloca generalmente como victima de toda situación adversa.[46]

Libertad y permisividad

A lo que hoy se llama libertad y su consecuente demanda termina siendo, luego de ser observada, una prisión particularmente diseñada para sentirse cómodo, pero sin ningún fundamento permanente ni valoración de la vida. Esta forma se evidencia a través de los excesos en distintas áreas de la vida: violencia verbal y maltrato físico, adicciones, sexualidad sin

44 Gene Edward Veith, Jr. *Op. Cit.*, 176.
45 Idem.
46 Gene Edward Veith Jr. *Op. Cit.*, 177.

intimidad ni compromiso –así como el abuso sexual–, y la afirmación de la acumulación material como signo de bienestar o felicidad.[47]

Tal forma de libertad se traduce en el uso de las capacidades y los recursos personales para cumplir los propios deseos, pero no se ve acompañada de un sentido de responsabilidad que ve en el otro, en el prójimo, el fin de sus acciones.[48] Lejos de considerar las dificultades concretas que tal perspectiva de la vida trae, quienes consideran esta libertad, sostenida en el individuo como valor supremo, destacan que la diversidad de ideas y pensamientos abre la posibilidad de elegir sin el peso de la exigencia, ni de los cuestionamientos que pueda determinar el bien o mal de tales elecciones. En todo caso, la conveniencia en las decisiones tomadas determina el valor de las mismas.

Así es como llegamos al siguiente tema de esta sección: la permisividad. La libertad queda determinada por el permiso de hacer sin juzgar los propios actos, ni ser juzgado por otros. La permisividad elimina los puntos de referencia para el desarrollo de la vida.[49] Al quitar los puntos de referencia, el sentido de la libertad también produce, luego del momento de la euforia, el efecto de una profunda angustia, pues el individuo se reconoce a sí mismo no ya como libre de todo y de todos, sino atado a un vacío emocional permanente, solo llenado por relaciones personales pasajeras e intensas, pero sin futuro permanente. Más aun, la idea misma de que algo sea para siempre, o "hasta que la muerte los separe", implica la renuncia del individuo y limitación de la libertad que impedirá finalmente todo compromiso duradero y el desafío de compartir la vida con otra persona.

La libertad, definida por este parámetro, y más parecida a la liberación de toda atadura de autoridad también se refleja en el campo de la espiritualidad o religiosidad por una búsqueda constante de satisfacción en lo misterioso o esotérico, pero sin sentido o valor relacional. En otras palabras, no se considera la necesidad de un Dios personal que se comunica, que establece una comunión con su pueblo. Por el contrario, observamos el florecimiento de experiencias de una espiritualidad popular carente de fundamento o doctrina. En su lugar, se desarrolla una búsqueda de experiencias individuales que alimenten la autoestima y permitan el crecimiento o desarrollo personal. [50] Esta forma de religión que permanece

47 Enrique Rojas. *El Hombre Light. Una Vida sin Valores.* (Madrid: Ediciones Temas de Hoy, 1992), 29.

48 David Bosch. *Op. Cit.*, 362.

49 "Permisividad significa que uno ya no tiene prohibiciones, ni territorios vedados ni impedimentos que los frenen, salvo las coordenadas externas de las leyes cívicas, de por sí muy generales. La permisividad se sustenta sobre una tolerancia total, que considera toda válido y lícito, con tal de que a la instancia subjetiva le parezca bien." Enrique Rojas. *Op. Cit.*, 46.

50 Andrew Kirk. *Op. Cit.*, 227.

profundamente pragmática y sincretista, sin dudas se reduce a otra forma de entretenimiento y queda determinada por las leyes del mercado de consumo.[51]

Idolatría de la tecnología

Un signo claro de nuestros tiempos se manifiesta cuando consideramos el lugar y uso de la tecnología aplicada en toda área de la vida, pero principalmente en la comunicación y el desarrollo de los vínculos personales. El avance de la tecnología de la comunicación ha permitido que las personas experimenten y participen de la vida de otros en forma simultánea, aun estando a kilómetros de distancia. Podemos afirmar sin temor a exagerar que aquellos atributos propios y exclusivos de Dios –por ej, omnisciencia y omnipotencia– hace poco menos de dos siglos, hoy son demandados por la tecnología y la información que coloca a nuestra disposición.[52] Así, provee toda demanda o necesidad particular (conocimiento ilimitado sin demora ni demandas), todo lo consigue (adquisición de todo tipo de bienes disponible en la punta de los dedos).

Aquí, hemos de reconocer que la tecnología adquiere un valor supremo sobre la cultura y las personas, absorbe una parte muy importante de su tiempo y permite acceder a todo tipo de información. Con un criterio sano de selección en el acceso de la información, tales avances tecnológicos otorgan de hecho ventajas que solo fueron un sueño una o dos generaciones atrás. Por otro lado, también es cierto que el anonimato y la protección que brinda la virtualidad en el trato con otros seres humanos también revelan aspectos oscuros de la personalidad humana como la violencia verbal, el maltrato, y la manifestación de opiniones que raramente observaríamos en situaciones similares de encuentros cara a cara entre las mismas personas. Otro aspecto que debemos considerar seriamente tiene que ver con la dependencia que puede desarrollarse en la persecución de la satisfacción instantánea que provee la tecnología, dejando de ser una parte de la vida para ocupar todo el tiempo y la energía de la persona, descuidando el entorno inmediato, familiar, comunitario, y hasta laboral.

El contexto de la misión debe reconocer también que las redes sociales construidas desde la virtualidad responden a necesidades básicas humanas.

51 El riesgo para las comunidades cristianas es desarrollar la visión o forma de pensamiento de que la fe es un producto más que se ofrece en el mercado. Así los números que marca la estadística serán el nuevo catecismo, y los medios técnicos para sostener tales números llegarán a ser lo que den vida a la iglesia. Paul Westermeyer. "Music: Poured Out for the World" en *Inside Out: Worship in an Age of Mission.* (Minneapolis: Fortress Press, 1999), 133.

52 Gene Edward Veith Jr. *Postmodern Times.* (Wheaton: Crossway Books, 1994), 204.

Ellas permiten vincularse a la distancia y conocer sin todas las demandas propias de contacto personal en un espacio físico determinado. La inexistencia de un espacio concreto de encuentro también libera de la presencia de una autoridad que controle, una institución que determine los tiempos, así como de los desafíos particulares que impone el encuentro personal con otro individuo completo. Si bien es cierto que la tecnología puede aislarnos y encerrarnos física y emocionalmente, al mismo tiempo configura la posibilidad de conectarnos literalmente con seres humanos de todo el mundo, constituye por lo tanto un puente amplio para la comunicación. Se plantea, por lo tanto, el desafío concreto de hacer de la comunicación una actividad significativa, sustancial y creativa que permita darse a conocer provocando interés y atención al evangelio dentro de un contexto saturado de todo tipo de información, en particular de la religiosa. Por otro lado, también es cierto que las redes virtuales principalmente están orientadas al consumo del entretenimiento. El resultado en muchos casos es la distracción como estilo de vida. Aquí es donde aparece el desafío para la evangelización de quienes podamos considerar como ciudadanos del mundo virtual, es decir personas con quienes quizás nunca llegaremos a encontrarnos en persona, pero que igualmente podremos afectar con un mensaje que cambie su vida y cambie su entorno con la mirada puesta en Cristo.

Las redes sociales permiten conocer nuevas personas, como ya dijimos, pero también demandan criterios sanos para su uso. Nos permiten acceder a la información y el entretenimiento, pero también debemos destacar que proveen un sentido de pertenencia e identidad que trasciende los límites socioeconómicos existentes fuera de ellas. Por todo esto, las redes presentan un enorme desafío a cada individuo cristiano en su vocación diaria, más aun, a la comunidad cristiana interesada en mantenerse presente y relevante en este amplio campo de comunicación que pide mayor reflexión.

Podemos identificar en este contacto también dificultades que necesitamos abordar pues la tecnología también puede generar excesos. Específicamente, desarrolla un deseo constante por la imagen. El altar de este ídolo es la pantalla y no hace falta ir muy lejos para adorarlo. El responder a ellos o el narrar nuestras actividades diarias se vuelve una conducta compulsiva, acentuada por el hecho de que la oportunidad de hacerlo la portamos todo el día en nuestros bolsillos. Sin conciencia de ello las personas se ven a merced de sus pantallas persiguiendo una gratificación instantánea en lugar de encontrarla en la vida real y en su entorno inmediato.

La tecnología impone una necesidad constante de "estar actualizado", por lo cual al mismo tiempo apunta a eliminar el fundamento de la identidad personal e historia heredada. Cuando el parámetro es la eficiencia, rapidez, y precisión, parece que hablar de lo sagrado, lo espiritual, y los misterios de la fe es totalmente irrelevante frente a las estadísticas y la necesidad de ser prácticos.

El avance de la tecnología coloca poco a poco en manos de todas las personas instrumentos que proveen soluciones o resultados sin el necesario entendimiento de cómo se desarrolla el proceso. González-Carvajal define esta situación de la siguiente forma: "Así es el hombre tecnológico: un hombre sin interrogantes, sin preguntas últimas. Le basta saber dónde está el botón."[53]

Desde esta perspectiva, llegamos al "*plug and play*" de la electrónica, pasamos a la transmisión del "*know-how*" empresarial, y seguimos al "*fast-food*," "*drive thru*" y "*delivery*" de las comidas. Finalmente, nos damos cuenta que, en realidad, lo práctico es lo rápido. En todo caso, siempre apareja la falta de esfuerzo y, aplicado a una actividad que incluye la mente, lleva a la no reflexión y repetición (por qué no agregar: el fanatismo).[54]

En relación a esta característica del pensamiento posmoderno, Gene Edward Veith observa que una sociedad sostenida en la técnica y la comodidad que esta provee establece que las personas no toman decisiones basadas en valores éticos, sino prácticos. La supremacía de la experiencia unida a los sentimientos y resultados que genera, queda establecida como parámetro para medir la validez o veracidad, aun más, para establecer el valor real detrás de una idea, o pensamiento. Las nociones de bien y mal caen como parámetros y son reemplazados por la pregunta: "¿Funciona?"[55] Así la utilidad, practicidad y funcionalidad determina la toma de decisiones, elimina valores éticos y no mide consecuencias en términos humanos, sino solo por sus resultados medibles. Las interpretaciones que podamos hacer en el establecimiento de lo que podamos llamar verdad queda determinado por la practicidad en sus resultados.[56] Por ejemplo, identificamos que el valor de la vida de una persona se reduce a calcular los costos de un tratamiento médico, sin considerar las implicancias éticas sobre la autoridad o capacidad para decidir sobre la continuidad o finalización de la vida de otra persona.[57]

---

53 Luis González-Carvajal. *Ideas y Creencias del Hombre Actual.* (Santander: Editorial Sal Terrae, 1993), 77.

54 Seminario Concordia. "¡Que sea Práctico! La Educación Teológica en el Marco de la Misión". *Revista Teológica.* Buenos Aires: Seminario Concordia, 2012.

55 Gene Edward Veith, Jr. *Op. Cit.*, 206.

56 "Podemos juzgar estas interpretaciones solo sobre la base de parámetros pragmáticos, sobre la base de 'lo que funciona'. El escepticismo posmoderno nos deja un mundo caracterizado por una lucha sin fin entre interpretaciones en competencia." En Stanley Grenz. *A Primer on Postmodernism.* (Grand Rapids: Eerdmans, 1996), 164.

57 Ídem.

Consumismo

En cuanto al aspecto económico, se considera al individuo no ya como sujeto de acción, sino como consumidor, es reducido a ser objeto del mercado que lo inunda de ofertas y promociones.[58] Identificamos que se relaciona la abundancia material con la plenitud personal y por lo tanto disponer de los recursos necesarios para hacerlo es vital. Así, la posibilidad de elegir todo lo que a la persona le place, comprar o gastar sin mirar supone una nueva forma de libertad. Por un lado, se busca no depender de nadie para ser libre, pero por otro se sujeta a las demandas materiales de permanecer siempre actualizado para emular un sentido de libertad que solo lo encierra más en un círculo infinito de multiplicación de posesiones.[59]

Esta sobreexposición a todo tipo de ofertas en forma de imágenes, que no siempre entregan lo que prometen ni ofrecen información válida, sumada a una desconfianza generalizada (escepticismo) producida por la divulgación intencionada de falsas noticias (*fake news*) redunda en completa indiferencia, resultado de la saturación de los sentidos, sin el tiempo suficiente para procesar el contenido y, en muchas ocasiones sin el ejercicio de hacerlo ordenada y críticamente.[60]

Dentro de este marco de consumo, en el que también se ubican las religiones, cada una con su propuesta elaborada a la carta o gusto del consumidor, podremos considerar la predicación de Jesús, quien en el sermón del Monte viene a sacar a sus oyentes de la posición de ser simples oidores pasivos, para llegar a ser sujetos activos en la comprensión y aplicación de la palabra de Dios a su vida diaria. Por eso dice: "Ustedes han oído que les fui dicho... Pero yo les digo" (Mt 5:21-22, 27-28, 31-32, 33-34, 38-39), para culminar su enseñanza diciendo: "A cualquiera que me oye estas palabras y las pone en práctica..." (7:24). De esta forma, Jesús contrasta el poder y la libertad del evangelio por el que el pueblo de Dios oye y actúa, como sujeto de acción en su vida, en oposición al legalismo y consumo de religión por medio del cual los fariseos y líderes religiosos habían sujetado al pueblo.

En un mundo marcado por el relativismo y el pluralismo aplicado a todos los sistemas de vida humanos (no solo el espiritual/religioso) es

---

58 "Tanto la técnica como el capital pueden ponerse al servicio del bien o del mal. De su unión, que no reconoce ningún principio ético, ha surgido una sociedad que absolutiza la prosperidad económica y el consecuente bienestar material del *homo consumens*." René Padilla. *Misión Integral. Ensayos sobre el Reino de Dios y la Iglesia*. (Buenos Aires: Ediciones Kairós, 2012), 120.

59 Enrique Rojas. *Op. Cit.*, 23.

60 Enrique Rojas. *Op. Cit.*, 88-89.

necesario definir el nombre de aquel en quien creemos (Hechos 4:12). Sin embargo, en la búsqueda por dar a conocer a Cristo como clave para una vida verdaderamente libre, veremos que la sociedad en general no está demasiado preocupada por temas esenciales al ser humano, sino antes bien está vuelta hacia lo material.[61]

Aun cuando es claro que cada cristiano es desafiado a dar razón de la esperanza que posee (1 P 3:15), no debemos sentarnos a esperar que nos pregunten, pues quizás nunca llegue ese momento. Primeramente, es necesario afirmar la fe y vocación del hijo de Dios en el mundo, reconociendo que en un contexto de minoría será cada vez más evidente. Además, encarnar el amor de Cristo en el prójimo con estilos de vida que puedan transparentar la fe. Sin embargo, esto no define por sí solo, ni permite reconocer, la razón, es decir el fundamento de tal esperanza: Cristo mismo. Por lo tanto, la proclamación y el testimonio verbal son fundamentales. Aun cuando se cuestione la validez de la proclamación e invitación a oír las buenas noticias de Cristo, tal prejuicio hacia el testimonio cristiano no debe constituir un motivo para la inacción, sino para una evaluación seria y dedicada que manifieste con toda claridad nuestra motivación evangelística.[62]

Finalmente, el llamado constante a que seamos fieles al evangelio da por tierra con toda pretensión de mercantilizar el mensaje de tal forma que busquemos hacerlo más aceptable al público. Tal fidelidad al mensaje nos moviliza a ser fieles en el área de servicio que nos corresponde hacia el evangelio, como mensaje único en el mundo para salvación de la humanidad. En otras palabras, la iglesia cristiana no hace del evangelio un objeto de sus actividades, sino por el contrario, lo reconoce como el sujeto por el cual encuentra motivación para sus acciones. Por lo tanto, la iglesia en misión buscará ser relevante para el evangelio, lo cual indica que su tarea no tiene que ver con cambiar el mensaje, sino encontrar los espacios, momentos y situaciones particulares en la vida de las personas para proclamar el evangelio de Cristo.[63]

---

61 René Padilla. *Op. Cit.*, 122.

62 "Las presuposiciones posmodernas desafían el evangelismo tradicional como arrogancia cultural. Ellas colocan un manto de sospecha sobre la motivación al servicio como un disfrazado servicio a sí mismo." En C. Norman Kraus. *An Intrusive Gospel.* (Downers Grove: IVP, 1998), 19.

63 "La tarea para nosotros es ser relevantes al evangelio. No podemos hacer algo del evangelio. Es lo que es: buenas noticias, justificación, perdón de pecados, nueva vida en Cristo." Paul Westermeyer. *Op. Cit.*, 135.

Estrategia misional

Cada vez que unimos el sustantivo "estrategia" con el adjetivo "misional" surge una incomodidad de compleja resolución que busca equilibrio en quienes desean desarrollar un correcto entendimiento con respecto a la necesidad de ser estratégicos al momento de implementar los principios misionales en la vida de la iglesia. Entre quienes no desean reflexionar sobre la necesidad de ser estratégicos, se objeta que toda pretensión de este tipo busca desplazar la obra divina por la humana, negando así la misión misma en última instancia.

Existe una mirada desconfiada cada vez que hablamos de estrategia porque se piensa en al menos dos cosas: las personas se apoderan de la obra de Dios y quieren hacer lo que solo él puede hacer (conversión) o el marketing se apodera de la iglesia imponiendo una mirada pragmática sobre todo lo que se hace enfocándose solo en el resultado deseado, sin considerar la forma (carencia de valores a la hora de tomar decisiones y actuar) ni el mensaje que comunicamos y que por sí mismo moldea la manera en que lo hacemos.

En todo esto, debemos reconocer que toda aversión al uso del término o implementación de estrategias tiene que ver primero con un prejuicio o lente interna que en muchos casos incorporamos y que nos lleva a ver la misión como "un problema" que tiene la iglesia. Por supuesto, como todo problema, debe ser resuelto y aquí es donde hablamos de estrategias, es decir: "¿cómo resolvemos este problema que ahora tenemos?" Pero asumir la misión en la vida de la iglesia desde esta perspectiva no solo transforma un privilegio en una ley por cumplir, sino que también nos despoja de la orientación necesaria que Dios mismo desde su Palabra nos proporciona.[64]

Observamos que la iglesia es instrumento de Dios para cumplir su propósito redentor en el mundo. Con esta premisa en mente sostenemos una vez más que la misión le pertenece solo a él, porque solo él redime y salva. De esta verdad nosotros somos testigos privilegiados. En este sentido, no es necesario partir de una concepción antagónica, como si hablar de estrategias negara rotundamente la fundamentación teológica de todo lo que implica organizar, movilizar, y anunciar el evangelio en un momento y espacio determinados. Por eso debe primar una concepción de complementariedad y unidad entre la fuente y el contenido de la

64 "La confianza ingenua en el método científico nos ha llevado a creer que todo lo que tenga que ver con asuntos de la vida puede reducirse a un problema manejable, y un problema existe para ser resuelto. Este reduccionismo no solo distorsiona la realidad, sino que también, en la frase de John V. Taylor, produce fantasías de omnipotencia." Wilbert Shenk. "Mission Strategies" en *Toward the 21st Century in Christian Mission.* (Grand Rapids: Eerdmans, 1993), 220.

misión (*missio Dei*) relacionada necesariamente con la comunicación del evangelio entre los pueblos de la tierra (*missio ecclesiae*). El siguiente gráfico nos permitirá observar esta consideración de unidad complementada, comprendiendo el lugar que corresponde a cada uno:

Así, nuestra reflexión nos mueve a ver el cuadro completo. De otra forma, cada vez que perdemos de vista la totalidad del mismo, ya sea negando la iniciativa divina y su obra, o negando el rol instrumental de la iglesia, se pierde en definitiva la misión misma, pues ya sea que el desequilibrio se vuelque hacia un lado o el otro, lo que efectivamente desaparece es el evangelio mismo, pues se lo niega al no comunicarlo o se lo pervierte adueñándose de él y "culturizándolo" según propias concepciones.

Consideremos un ejemplo bíblico para apropiar esta mirada complementaria que nos provee el capítulo 10 del libro a los Romanos en donde se ofrece la fundamentación de la misión (vv 1-13) cuando el apóstol Pablo identifica que la justicia que viene por el cumplimiento de la ley es imposible y al mismo tiempo explica que la única justicia posible es la que Cristo concede por medio de la fe solo en él. Inmediatamente después de presentar el evangelio de Cristo continúa hablando de la necesidad de comunicar este mensaje (vv 14-17). A través de una serie de preguntas el apóstol hace un recorrido lógico y regresivo empezando por el resultado final que es la necesidad de invocar el nombre de Dios hasta llegar al punto inicial en que determina que es necesario enviar a alguien para que predique el evangelio.

Este es un envío divino que se encarna en la voz de uno que predica, pero no lo hace por propia cuenta, sino por causa del envío para hacerlo.[65] De esta

[65] "Pues dichas actitudes están interrelacionadas de una manera tal que la una se desprende de la otra, siendo la mencionada en último lugar la causa y el antecedente de todas las anteriores, de modo que es imposible que alguien predique, a menos que haya sido enviado. De esto se sigue que es imposible que oigan aquellos a quienes se les predica. Paso siguiente: no pueden creer quienes no oyen. De ahí que no puedan invocar a Dios quienes no creen. Y por último: es imposible que se salven los que no invocan a Dios. Por consiguiente: la raíz misma y el origen de la salvación estriba en el hecho de que Dios envíe a alguien. Si Dios no envía, falsa es la predicación de los que predican, y tal predicar es como si no se predicara." En Martín Lutero. *Obras de Martín Lutero.* Volumen 10. (Buenos Aires: Ediciones La Aurora, 1985), 343.

forma, el apóstol define la dimensión estratégica de la misión, es decir, que debe haber seres humanos llevando el mensaje al oído o a la presencia de otros seres humanos. Aquí es donde la iglesia local actúa llamando y enviando misioneros, al mismo tiempo que establece oficios necesarios tales como el de evangelista, pero también enseña y moldea la identidad misional de la comunidad, de forma tal que cada actividad que se promueva en su medio tenga como objetivo final que haya personas oyendo el mensaje de salvación. Por medio de esta acción simple el evangelio, como palabra viva y poderosa, es liberado en el mundo con el propósito de conceder la salvación.

Por todo esto, al hablar de la dimensión estratégica incorporamos al desarrollo de una teología misional la necesaria perspectiva social, es decir, la que contempla las relaciones humanas como el espacio histórico y cultural en el cual se desarrolla la misión de Dios (aspecto encarnacional de la iglesia), y por quien la iglesia es instrumento de esta misión, entendiendo que la misión nos moviliza, y define nuestra tarea de acuerdo a las palabras de Stephen Neill como: *"El cruce intencional de las barreras que separan a la iglesia de los que no creen, en palabra y acción por causa de la proclamación del evangelio."* [66]

Con esta forma de concebir el lugar de la estrategia en relación a la misión, junto a una definición que pone a la iglesia con los ojos hacia afuera de sí misma y que nos sirven como principio rector, somos animados a analizar y evaluar la historia de nuestras comunidades, la posición asumida en el actuar presente, así como también a proyectar el futuro de cada comunidad local primeramente y también de las estructuras eclesiásticas que de ellas surjan, reconociendo los cambios variados y constantes que se ven en la sociedad actual. [67]

Toda intención al hablar de estrategias en la misión fluye de la convicción de que aún tenemos algo que decir en la sociedad. Nos mueve como a todo ser humano, la necesidad de comunicarnos. Al mismo tiempo, nos ocupa el entendimiento que no solo nos comunicamos por necesidad personal, sino también por nuestro interés en que otras personas conozcan el evangelio de salvación (1 Co 9:19-23). La convicción de que tenemos un mensaje para compartir se concreta al reconocer que la palabra de Dios encuentra su camino entre los seres humanos por medio del lenguaje

---

66 Citado en Charles Van Engen. *God's Missionary People. Rethinking the Purpose of the Local Church.* (Grand Rapids, Baker Book House, 1991), 28.

67 "Probablemente el mayor obstáculo para el desarrollo de nuevas formas efectivas de trabajar en el campo sea el hecho mismo de que no hemos estado dispuestos a emplear perspectivas del campo misional en nuestros propios patios... Sin dudas, las nuevas estrategias se desarrollarán tanto a partir de la creatividad en soledad, así como de la comparación metódica de notas." Ralph Winter. "Strategies in Mission." En *Evangelical Dictionary of World Mission.* (Grand Rapids: Baker Books, 2000), 912.

humano. Así hablamos de la instrumentalidad de las palabras que proveen una riqueza y multiplicidad de formas a través de las cuales el evangelio se oye en el mundo.[68]

Entonces, comprendemos que la salvación que tenemos es lo mismo que todos necesitan, y en cuanto a esta realidad cabe aplicar un principio de solidaridad entre pares, pues lo que es bendición para los hijos de Dios, en tanto seres humanos redimidos, también es posible y está disponible para toda la humanidad, que en ignorancia y ceguera espiritual, aun no conoce y necesita que la Palabra le sea predicada. De otra forma nunca llegará a conocerla por sus propios esfuerzos (Jn 1:12-13).[69] Este el marco amplio desde donde enfocamos todo quehacer teológico-estratégico para la misión.

En tal sentido, también observamos que no solo se trata de desarrollar la necesaria compasión solidaria hacia los que desconocen a Cristo, sino que es importante emprender la misma solidaridad a través de la asociación entre comunidades cristianas con el fin de multiplicar recursos y potenciar esfuerzos en pro del avance del evangelio. La universalidad de la iglesia, la cual es un atributo que la define, nos previene con respecto a la mezquindad o al parroquialismo en los que podamos vernos atrapados, sin discernir que la misión de Dios trasciende nuestras percepciones, pero al mismo tiempo nos demanda fidelidad y firmeza bíblica y cristocéntrica. Este compromiso también se encuadra dentro de la dimensión estratégica de la misión. Por lo tanto, aquellos prejuicios que nos dividen o nos impiden vernos como agentes e instrumentos activos en la misión cambiará nuestra perspectiva y nos dará la oportunidad de involucrarnos creativamente en la proclamación del evangelio de una forma colaborativa en la que muchos cristianos sean incluidos.[70]

---

68 "El objetivo es, además de proclamar el evangelio como una Palabra divina y poderosa, también proclamarla como palabra humana profunda y con una rica textura (24)... Existe una doble naturaleza en la vida de la Palabra del evangelio. Primero, es viva como palabra de Dios, la cual es potenciada por el Espíritu Santo, quien, en y a través de palabras, hace la divina y milagrosa obra de traer a los pecadores a la convicción de su pecaminosidad y los vuelve a Cristo en fe." Jacob A. O. Preus. *Just Words. Understanding the Fullness of the Gospel.* (Saint Louis: Concordia Publishing House, 2000), 35.

69 "El testimonio cristiano presume hablar por Dios, porque Dios ha llamado a su pueblo a hablar por él... No hay dudas que Dios quiere que su pueblo cristiano hable su Palabra; sobre todo, traer aquella buena noticia de nueva vida en Jesucristo a aquellos que están escribiendo sus propios libretos para una vida que lleva a la muerte. Esta viva voz del evangelio en nuestras bocas es el poder mismo de Dios para salvación de caídas criaturas humanas (Ro 1:16), y ha puesto este poder en manos de todos sus discípulos (Mt 16:19; 18:18; Jn 20:23). Los reformadores del siglo 16 hablaron de esta comisión como "el sacerdocio de todos los creyentes." Robert Kolb. *Op. Cit.*, 14-15.

70 "Un evangelio universal exige una iglesia universal en que todos los cristianos participen efectivamente en la misión global como miembros iguales del cuerpo de Cristo. La colaboración mutua en la misión no es meramente cuestión de conveniencia práctica sino la consecuencia necesaria del propósito de Dios para la iglesia y para toda la humanidad revelado en Cristo Jesús. Cuando los cristianos fracasan como colaboradores en la misión, también fracasan en cuanto a manifestar concretamente la nueva realidad que proclama el evangelio." René Padilla. *Misión Integral*, 221.

Así como afirmamos que el fundamento bíblico para la misión es necesario, también nos parece valioso sostener que no debemos limitarnos a aquellas actividades o estrategias identificables en el texto mismo. Aun sabemos que legitimar nuestra práctica misionera actual buscando pasajes bíblicos donde se las pueda reconocer ha sido cuestionado.[71] Por eso, en la libertad que el evangelio mismo conlleva en la vida de cada cristiano y la iglesia en su conjunto, somos invitados a ser fieles y creativos de tal forma que al comunicar el evangelio podamos evaluar que la estrategia para hacerlo no niega o lleva a cuestionar lo que buscamos lograr. En última instancia, una estrategia siempre refleja un momento histórico particular en la vida de la iglesia que la formula y aplica dentro de sus posibilidades y conocimiento disponible. Quizás una de las mayores tentaciones en las que podamos caer es evaluar las estrategias del pasado fuera del propio contexto en que fueron pensadas y puestas en práctica, juzgándolas erróneamente.[72]

Como mencionamos, buscar en el Nuevo Testamento justificativos para cada estrategia que adoptamos puede vernos en una actitud de forzar el texto bíblico para amoldarse a nuestras intenciones. Sin embargo, tampoco podemos decir que no se observa una estrategia identificable, por ejemplo, en el libro de Hechos. De este libro nos queda el testimonio de cristianos anónimos movilizados por diversos motivos (Flp 1:15-17), muchos de ellos por la persecución (Hch 8:1) llevaron el evangelio de salvación donde sea que fueron y establecieron iglesias en donde se evidenciaba la obra y gracia de Dios (11:19-26), lo cual no es un dato menor, pues afirma que estas nuevas comunidades (en este caso la de Antioquía) eran iglesias plenas en donde se predicaba, bautizaba, y administraba la Santa Cena. Esta comunidad llegó a ser con el tiempo el lugar desde donde se iniciaron los viajes misioneros del apóstol Pablo y su grupo de acompañantes (13:1-3).[73]

---

71 "Establecer un fundamento bíblico para la misión es legítimo y esencial. Pero afirmar que encontramos fundamento bíblico para toda nuestra práctica misionera es mucho más cuestionable. Algunos dirían que es imposible, incluso peligroso. En lugar de buscar legitimación bíblica para nuestras actividades, deberíamos someter toda nuestra estrategia misionera, planes, y acciones a la crítica y evaluación bíblica." En Christopher Wright. *The Mission of God: Unlocking the Bible's Grand Narrative.* (Downers Grove: IVP, 2006), 37.

72 "La cuestión de cómo Dios actúa en la historia, dentro de las ambigüedades del surgimiento y la caída de los imperios, se ha planteado una vez más con nuevo vigor. La urgencia de este tema está determinada por la necesidad de una ruptura radical con el modelo constantiniano de empresa misionera que dependía del poder militar, de la conquista económica y de la habilidad tecnológica. Esto ha determinado que sea necesario volver a considerar el modelo bíblico de misión". Samuel Escobar. *Op. Cit.*, 8.

73 "Existe una estrategia eclesial implícita que podemos identificar en Hechos 11:19-26 y 13:1-3. El primer pasaje habla sobre un gran número de personas que llegaron al Señor… este resultado surgió de las bases por un proceso de multiplicación. Hechos 13:1-3 introduce un modelo que contrasta. El Espíritu Santo pide que "aparten" dos líderes para involucrarse en la misión transcultural… ambas estrategias son complementarias, ninguna es completa sin la otra. Hay periodos en la historia de la iglesia cuando la extensión de la fe depende enteramente de la silenciosa fidelidad de personas simples haciendo lo que los primeros creyentes hicieron en Antioquía". En Wilbert Shenk. *Op. Cit.*, 224-25.

De esta forma, identificamos que más allá de toda elaboración estratégica, la forma más simple de concebir la multiplicación del evangelio entre los pueblos ha sido siguiendo el movimiento que los creyentes hicieron en su diario vivir, unido a una conciencia evidente de una plena dependencia del Espíritu Santo por medio de la Palabra aprendida y compartida. Por eso, la manera más natural y evidente de anunciar el evangelio y conectar personas con la vida de la iglesia sigue siendo los vínculos personales y familiares de sus miembros. Tales contactos resultan de las redes de contacto que cada persona desarrolla en su entorno cotidiano.[74]

Desde esta perspectiva, podemos hablar de la vida cristiana como la del discípulo que sigue al Señor y en ese caminar vive y comparte el resultado de la comunión con él. Descubrimos que así fue cómo los primeros cristianos no distinguieron o debatieron sobre quién era el responsable de dar testimonio a otros, pues así también lo aprendieron de su Señor, quien al poner su mirada compasiva sobre las multitudes que andaban como ovejas sin pastor (Mt 9:36), envía a sus discípulos a evangelizar dando instrucciones precisas, luego de las cuales, él mismo continúa con su tarea, predicando y enseñando entre las personas (11:1). De esta forma, los discípulos entendieron la naturalidad de vivir en el evangelio que los involucraba en el rol activo de hablar de su salvación con quienes les era posible.[75] Quizás, en este parte podemos recordar la crítica que ofrece Vicedom cuando observa a la iglesia de su tiempo y dice: "La mayor debilidad de la cristiandad hoy es que los cristianos ya no saben que son cristianos. Han perdido su poder como sal."[76]

El discipulado se relaciona con la práctica de la misión y ofrece una comprensión estratégica en tanto que identificamos, por ejemplo, en el evangelio de Mateo que la esencia de la misión se resume en tres acciones: hacer discípulos, bautizar, y enseñar. En boca de los discípulos, el evangelio es para ser predicado a los que están fuera de la comunidad, por eso este anuncio es para sus oyentes buenas noticias acerca del reino de Dios

---

74 "Hacia el fin del siglo tercero la pequeña minoría de cristianos diseminados a lo largo del Imperio Romano se encontraba al borde de llegar a ser mayoría numérica. Es imposible explicar esta expansión asombrosa sobre la tesis de que los apóstoles, y luego de ellos los obispos, personalmente, estuvieron a cargo de este progreso... No podemos explicar esta rápida expansión de la fe cristiana a menos que consideremos la hipótesis de la expansión espontánea desde muchos centros locales de vida cristiana. En esta expansión, cristianos comunes –soldados mercaderes, esclavos, artesanos, y viajeros– parecen haber jugado un rol fundamental." James Scherer. *Missionary Go Home*. (Englewood Cliff: Prentice-Hall, 1964), 42.

75 "Ellos recibieron el mandato misionero como discípulos y no como apóstoles. Por esta razón todos los discípulos son igualmente llamados a la extensión del Reino... Para hacer este trabajo, el Señor también equipa a los discípulos con el don del Espíritu Santo...por causa de este don un discípulo no puede sino sumarse en la difusión de la Palabra en todo lugar." En Georg Vicedom. *Op. Cit.*, 79-80.

76 Ibíd., 92.

(4:23, 9:35 y 24:14). El poder y la convicción de los discípulos no proviene de sí mismos, sino de la estrecha comunión con Cristo, él mismo es el contenido de toda acción, y el contexto donde se desarrolla y fructifica esta relación es el mundo que contempla y aprende sobre el valor de este vínculo perfecto sostenido en el amor sacrificial que Jesús entrega (ver también Jn 13:34-35).[77]

El camino del discipulado también tiene una dimensión pedagógica que incluye la dinámica del proceso de enseñanza-aprendizaje en el camino, es decir, el contexto mismo en el que Jesús envía a sus discípulos determina esta dinámica misionera de hacer discípulos-bautizar-enseñar "en tanto que van" (πορευθέντες - Mt 28:19). La necesidad de enseñar (διδάσκειν) y aprender a guardar (τηρεῖν) la palabra de Jesús no se enfoca exclusivamente en el aspecto intelectual de transmitir y acumular información, sino que también incorpora la totalidad de la vida cristiana que fluye y queda determinada por la muerte y resurrección del Señor.[78] Con este fundamento en mente, descubrimos que en este proceso se formatea la dimensión estratégica de la misión que considera a cada discípulo como parte activa y comprometida con el evangelio y su comunicación. En la medida que los cristianos se nutren de la Palabra y movilizan en el ejercicio de su fe, también encuentran pruebas y desafíos en sus propios contextos en donde y a través de los cuales dan forma al discipulado (Mt 28:20).[79]

Este pasaje bíblico propone la consideración de las consecuencias en cuanto a la necesidad de que cada congregación se esfuerce por elaborar un programa integral –que afecte todas sus acciones– de testimonio y enseñanza apropiado a sus posibilidades y de acuerdo a las características de las personas involucradas en el mismo.[80] Al vislumbrar un contexto misional de oposición y hasta hostil hacia la iglesia y su voz profética en una sociedad altamente secularizada necesitamos reforzar los fundamentos sobre los cuales se edifica una vida cristiana comprometida y coherente. Por lo tanto, el eje central de la formación para la misión nos

77 David Bosch. *Op. Cit.*, 66-67.

78 Johannes Verkuyl. *Op. Cit.*, 107-108.

79 "Así los discípulos tienen la seguridad de la presencia perpetua de su Señor. Así como su autoridad se expande desde el cielo hasta la tierra, así también trasciende el tiempo. Ellos tienen su perdón, tienen su Palabra y su Bautismo, tienen su Espíritu, y tienen la obra que les ha dado para que hagan. Su discipulado no ha terminado, sino que, en el más profundo sentido, ha comenzado." En Martin Franzmann. *Follow Me: Discipleship According to Saint Matthew.* (Saint Louis: Concordia Publishing House, 1961), 225.

80 "El 86% de las personas que llegan a la iglesia es por medio de un amigo o familiar." Fred Smith. *La Dinámica de una Iglesia que Crece.* (Buenos Aires: Publicaciones Alianza, 2004), 96. Paul Hiebert habla sobre este tema cuando desarrolla el tema de las redes de contacto y su funcionalidad en el testimonio del evangelio en su libro *Incarnational Ministry.* Ver apéndice II. "Redes de Contacto."

compromete a procurar el fortalecimiento de la familia, entendida como núcleo de la comunidad, no solo desde lo social, sino más aun desde lo espiritual. Sobre esta base, también se edificará una identidad ética que se sobreponga a los vaivenes o caprichos en los que la sociedad va cayendo según las agendas ideológicas que se van imponiendo desde los medios de comunicación, planes de gobierno, organizaciones sociales, etc.

Aquí corresponde considerar en nuestra aproximación estratégica lo que se ha dado en llamar "plataformas de acceso creativo",[81] lo cual en pocas palabras implica la consideración de que las vocaciones particulares nos insertan en el entramado social en que nos desarrollamos y que constituyen el campo natural para el testimonio de la fe. Desde allí es posible encontrar los espacios y momentos para el evangelismo personal, la conformación de grupos de estudio bíblico, o incluso hasta organizar actividades de misericordia cuando las situaciones lo demanden. En ciertas ocasiones ocurre en los ámbitos congregacionales que solo nos enfocamos en las vocaciones de aquellos hermanos cuyas ocupaciones u oficios son necesarios para sostener el funcionamiento de la estructura eclesiástica. Sin embargo, no nos damos cuenta de que muchas de las vocaciones presentes no encuentran un espacio para el servicio intramuros, por lo que debemos preguntarnos: ¿Conocemos en nuestras congregaciones los ámbitos vocacionales que ocupa cada uno de nuestros hermanos en la fe? ¿Los estimulamos a darle a sus vocaciones diarias el impulso evangelizador que podrían tener?

Una forma de estimular al testimonio individual en diversos espacios tiene que ver con reconocer e identificar clara y conscientemente los grupos sociales en los cuales cada uno se desenvuelve. Como ya dijimos, la iglesia existe por causa de los que están afuera, pero aunque ellos no pertenezcan a la iglesia, sí pertenecen a nuestras redes de contacto. Aunque sea indirectamente están relacionados con la iglesia local. Aquí cada cristiano es un testimonio y puente para traer a Cristo a la persona y que la persona se identifique con Cristo por la fe a través de la iglesia local. En otras palabras, si estamos relacionados en alguna forma de estructura y rol sociales, también podremos tomar conciencia que allí mismo tenemos la posibilidad de compartir el evangelio en palabra y acción (conducta y compromiso de amor al prójimo).[82]

81 Este término se emplea para referirse a aquellos campos misionales en donde se restringe el ingreso a misioneros cristianos por los medios convencionales (visas específicas para misioneros). Por eso, se busca que a través de vocaciones diversas el misionero logre su ingreso, trabaje, y predique el evangelio según las posibilidades que el contexto le permita, incluso en algunas ocasiones debe hacerlo en secreto.

82 Fred Smith. *Op. Cit.*, 118.

Una vez más, afirmamos la instrumentalidad de la iglesia en todo lo que se refiere a comunicar el evangelio.[83] Esta forma instrumental establece el orden de la misión y permite que la iglesia descanse en el poder y la gracia de Dios con respecto al fruto o el resultado de todo esfuerzo misionero. En todo caso, reconocemos el compromiso correspondiente y nos esforzamos por darle forma.[84] Por eso es muy importante recuperar y sostener el rol de la comunidad local en la predicación y evangelización, primeramente, en su medio, pero también más allá de sus propios límites geográficos, lo cual necesita incluir la planificación misionera y presencia de misioneros.[85]

La multiplicación de las comunidades cristianas que siguieron el camino natural de los movimientos demográficos sostenidos en circunstancias históricas aparentemente ajenas a sus integrantes ha redundado en la formación de nuevas iglesias en distintas partes del mundo. La historia de las misiones da sobrado testimonio de este hecho. En este sentido, podemos afirmar además que la plantación de iglesias locales, que se vean a sí mismas como instrumento de Dios para la expansión regional del evangelio, permanece en el tiempo como una estrategia válida y necesaria para la proclamación mundial del evangelio.

La formación de comunidades o congregaciones locales no solo supone una consecuencia natural, más aun es voluntad de Dios para sostener la predicación del evangelio en todo lugar. La dinámica que establece la lógica del evangelio ("No podemos dejar de decir..." Hch 4:20) significó para los primeros creyentes un compromiso mayor orientado hacia su avance continuo y poderoso.

El ejemplo que se percibe en el testimonio de las cartas paulinas permanece vigente y afirma el trabajo coordinado. El texto bíblico deja entrever dos líneas de acción claras, complementarias y continuas a través de las cuales el progreso de la predicación del evangelio entretejía a lo

---

83 "Pero la iglesia local es el lugar en que de manera más básica se pone a prueba y se experimenta la verdad evangélica. Y debe ser un lugar en el que el evangelio se predique y se crea". Lesslie Newbigin. *Una Verdad que Hay que Decir.* (Maliaño: Editorial Sal Terrae, 1994), 84.

84 "Ciertamente ningún ser humano puede hacer a otro creyente, sin embargo, mucho depende de la conducta del mensajero... de la misma forma, uno debe ser cuidadoso con la correcta afirmación: "Dios debe hacer todo". Esto no se discute. Pero, siempre, Dios hace su obra solo cuando su mensajero actúa como su instrumento." Vicedom. *Op. Cit.*, 116.

85 "Cuando las personas llegan a la fe, siempre ocurre por el contacto con testigos. Es una experiencia en la Escritura, así como de la misión, que el Espíritu Santo siempre obra por medio de testigos. La Palabra proclamada que se hace evidente en la vida del oyente y que al mismo tiempo puede percibirse en la personalidad del que proclama deja una impresión en el oyente. Ver el ejemplo siempre acompaña el oír. Sin testigos, por lo tanto, nadie viene a Cristo en el sentido pleno de la palabra. Por eso la cristiandad siempre se expande con mayor energía donde la obra del evangelio se hace evidente en una congregación o en una vida." Vicedom. *Op. Cit.*, 115.

largo del Imperio Romano una red de pequeñas comunidades cristianas comunicadas, fortalecidas, y unificadas entre sí por un entendimiento común de la obra redentora de Cristo y el lugar que les correspondía en su misión:[86]

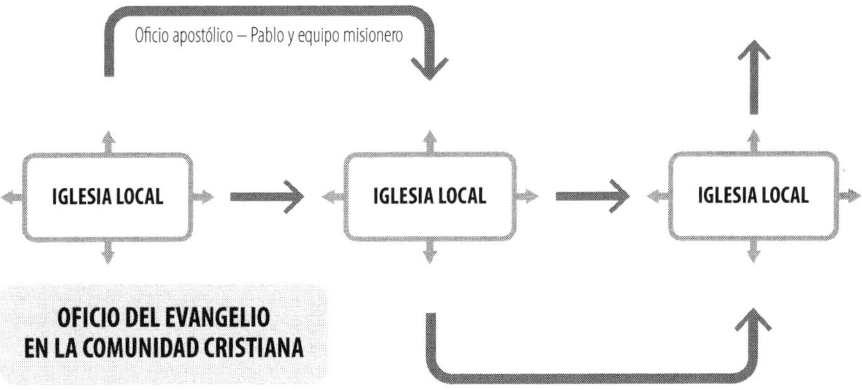

Otro tema que podemos traer en esta reflexión nos lleva a considerar la tecnología como un medio para la evangelización. Sin dudas, surge la tentación de asociar la tecnología con el evangelio mismo. Entonces, la estrategia que incluye o se afirma en la posibilidad tecnológica llega a confundirse con el mensaje de tal forma que, si este soporte no está al alcance, no se puede anunciar el evangelio, como si el poder del mismo dependiera de ello. Cuando esto ocurre, podemos estar seguros de que una forma cultural nubla nuestro entendimiento y necesitamos ser renovados en mente y espíritu para regresar a la verdad esencial de Cristo y su poder revelado por la locura de la cruz (1 Co 1:22-24).[87]

Toda consideración que mire hacia el futuro puede parecer pretenciosa; sin embargo, el cristianismo, considerado desde la perspectiva demográfica mundial brinda cierta claridad con respecto a que las iglesias en regiones del mundo tales como América Latina, Asia, y África (agrupadas como el "Sur Global") demuestran mayor avance en su crecimiento numérico, unido a una férrea defensa de la autoridad de la Biblia entendida plenamente como palabra de Dios, al mismo tiempo que sostienen

86 Wilbert Shenk. *Op. Cit.*, 229.

87 "Cuando apropiamos estrategias de modelos sociopolíticos a nuestro alrededor, nos arriesgamos a desnaturalizar el evangelio al elegir medios inconsistentes con el objetivo de la misión. Cristo mismo siempre nos confronta con la cruz como la estrategia fundamental por la cual todas las otras estrategias deben juzgarse." Wilbert Shenk. *Op. Cit.*, 230.

un creciente compromiso misionero que no necesariamente se complementa con la afluencia económica.[88] En palabras de Wilbert Shenk: "Esto sugiere que la estrategia eclesial –en lugar de la transcultural– dominará en las siguientes décadas."[89] Desde esta perspectiva, se puede vislumbrar un gran peregrinaje global de cristianos, que será silencioso y espontáneo, así como sostenido y poderoso alrededor del mundo, el cual reconfigurará el rostro de las iglesias históricas y preverá una nueva red mundial de pequeñas comunidades esparcidas, pero aun así conectadas en tiempo real aprovechando sabiamente el avance tecnológico en el campo de la comunicación, particularmente a través de las redes virtuales.

Por tal motivo, consideramos que la propuesta de la llamada "estrategia doble"[90] organizada desde dos ejes fundamentales: intensificación y apertura, permanece como un válido modelo de trabajo. Este modelo (en realidad principios de trabajo) puede considerarse flexible y aplicable en todo tipo de comunidades locales, con mínima demanda de recursos económicos, pues se enfoca principalmente en las personas que constituyen tal comunidad y en un proceso continuo de formación en torno a los medios de gracia (palabra de Dios, Bautismo, y Santa Cena).

El esquema de trabajo se desarrolla en función del reconocimiento de dos niveles. El primero es el personal y se enfoca en trabajar la formación del carácter y la identidad del individuo en torno a la participación en los medios de gracia, de forma tal que su fe sea moldeada y fortalecida en una vida de adoración y servicio. En el segundo nivel, el foco se pone en la comunidad, de modo tal que el conjunto de los que la conforman puedan compartir una visión hacia la sociedad como punto de llegada con el evangelio, aprendiendo a compartir su fe de forma natural, con seguridad, confianza, y conocimiento del contenido de la fe.[91] Esta propuesta apunta, en última instancia, a cambiar y renovar la vida de las congregaciones que con el paso del tiempo pueden dejar de mirar hacia la sociedad como el campo natural de sus labores para encerrarse en sí mismas desarrollando una mentalidad de auto-preservación y aislamiento que tarde o temprano la transforma en un grupo cerrado sin vitalidad. Sin dudas, la secularización de la vida en general y el rechazo de Dios como parte esencial de la misma desafían y en muchos casos provocan temor. En este contexto, la comunidad cristiana funciona como un hogar y refugio, pero esa calidez y fraternidad no debe transformarlo en un "escondite", en el que preferimos

---

88 Phillip Jenkins. *The New Faces of Christianity.* (New York: Oxford University Press, 2006), 68-97.

89 Wilbert Shenk. *Op. Cit.*, 231.

90 Russell Briese. *Foundations of a Lutheran Theology of Evangelism.* (Frankfurt am Main: Peter Lang, 1994), 257.

91 Ibíd., 258.

que nadie nos encuentre. Sin embargo, esta es la tentación y el peligro contra los cuales necesitamos trabajar para evitarlos a toda costa.

El proceso de intensificación se ordena bajo tres principios guía. Cada uno de ellos apunta a construir la fe de cada cristiano en un contexto comunitario con la mirada puesta en vivir y compartir la fe. Entonces, el punto de partida es la formación o nutrición de la fe en la vida del individuo; seguidamente, hemos de considerar el sentido comunitario que la fe da al individuo; y finamente, moldear la identidad cristiana acentuando el oficio particular de cada uno y de todo el conjunto como "constructores de puentes" de doble vía. Así, habrá un movimiento en dirección hacia la sociedad para comunicar el evangelio y en dirección hacia la comunidad para buscar y recibir a quienes oigan y crean el mensaje.[92]

Todo lo anterior apunta a fundamentar el segundo eje de la "estrategia doble" y que se denomina apertura. El objetivo de este segundo eje es reconocer que el evangelio es mensaje y palabra para ser proclamada, comunicada y compartida en medio de la sociedad. En este caso, el enfoque nos lleva a considerar el contexto misional de modo que podamos evaluar y definir formas de acción que demanden un "mínimo umbral de entrada" que nos permitan relacionarnos con la audiencia sin generar sospechas, desconfianza o extrañeza hacia el mensaje por la manera de comunicarnos. Así, los resultados del eje de intensificación producen un efecto multiplicador, generando la posibilidad de llegar más allá de la propia comunidad local.[93]

Hemos dado un recorrido amplio por el tema de la estrategia misional, entendida como necesaria y útil, siempre y cuando se la entienda de acuerdo al lugar instrumental que ocupa. También nos damos cuenta de que pensar la misión de Dios estratégicamente plantea al cuerpo de Cristo enormes desafíos que asumimos con certeza y creatividad. Cuando nuestro deseo y voluntad es servir y amar a Dios sobre todas cosas con mente y corazón, seremos serios y dedicados para encarnar la bendición del evangelio en un trabajo unificado y coherente con la verdad que anunciamos. En todo esto, la oración y guía del Espíritu Santo son esenciales siempre, más aun cuando nuestra responsabilidad es ser embajadores del evangelio en todo el mundo.

92 "¿No es eso lo que se pretende decir con el gran pasaje de Primera Carta de Pedro, cuando habla de la iglesia como un sacerdocio sagrado? El sacerdote tiene que representar a Dios ante nosotros y representarnos ante Dios. La iglesia, dice Pedro, tiene que hacer estas dos cosas: mostrar al mundo las poderosas obras de Dios y ofrecer a Dios los sacrificios espirituales a él debidos. Evidentemente, este sacerdocio debe ejercerse inmerso de la vida secular del mundo. Todo cristiano, en el curso de su trabajo secular, tiene que estar presente como representante del sacerdocio total, introduciendo así el mundo secular en la relación con Dios que le es propia… Preparar a sus miembros para el ejercicio de este sacerdocio en los diferentes ámbitos de la vida secular, en función de los poderes específicos que los rigen, debería convertirse en parte de la actividad normal de la iglesia." Lesslie Newbigin. *Una Verdad que Hay que Decir,* 81-82.

93 Briese, 260.

Educación teológica

Como hablamos de *missio Dei* y su consecuente derivación e impacto en la elaboración de una teología misional aplicada desde la *missio ecclesiae*, reconocemos que este marco conceptual tiene un necesario resultado en el campo de la educación y formación teológica proveyendo una guía para elaborar sobre la naturaleza, el propósito, y la práctica de la misma.[94]

Nuestro análisis también nos lleva a mirar el contexto eclesiástico actual en el cual reconocemos una importante crisis en el desarrollo del liderazgo –en cantidad y calidad– e igualmente en las estructuras formativas para el mismo. Es evidente que esta situación no es privativa del contexto eclesiástico, sino que es reflejo de la sociedad en general, en donde el compromiso, la disciplina personal, y el deseo solidario de ayudar al prójimo se va perdiendo para dar lugar al individualismo. Por eso corresponde preguntarnos sobre el impacto de esta actual crisis sobre el futuro de la iglesia y particularmente el trabajo de las comunidades locales. Al mismo tiempo, corresponde desafiarnos a pensar y actuar en conformidad con este análisis previo.[95]

Entendemos, por lo tanto, que el objetivo final debe orientarnos hacia una educación teológica que se construya desde una mirada eclesiológica, que al ser integrada y unificada con la realidad de la comunidad local, no pierda la mirada global que establece la universalidad de la iglesia.[96] La educación teológica involucra entre sus objetivos el entrenar y equipar a pastores para hacer teología al insertarse al nivel de las comunidades generando respuestas en ese nivel.[97] Sin embargo, no termina allí, pues junto al liderazgo espiritual de pastores se unen otros líderes locales que

94 "Toda reflexión teológica debe ser misionera, con el fin de profundizar la visión de la iglesia con respecto a la *Missio Dei*. Por eso la educación teológica ocurre en contacto con los problemas y las alegrías que el pueblo enfrenta." En Roni Marquardt. *La Contextualização na Ação Missionária da Igreja Cristã*. (Porto Alegre: Editora Concórdia, 2005), 166.

95 "La iglesia sufre una crisis de liderazgo, tanto en número como en calidad de líderes formados. De igual manera, podríamos decir que hemos reducido el ámbito de la formación de líderes a la formación de pastores y misioneros, descuidando la dimensión de equipar a todo el pueblo de Dios para ser líder y para servir en la iglesia y en la sociedad. Hemos empobrecido el ámbito de acción y el consecuente impacto de la iglesia en el mundo, reduciendo con ello la visión del Reino a un proceso de multiplicación de iglesia y crecimiento intramuros." Dieter Brephol. "La Misión de la Iglesia en la Formación de Líderes" en *La Misión de la Iglesia*. (San José: Varitec, 1992), 176.

96 "El rol de la comunidad en desarrollar teología nos recuerda también para quién es la teología, en primera instancia, necesaria: la comunidad misma para fortalecer su propia identidad… La teología entonces es mucho más que palabras; también llega a ser un proceso pedagógico que concientiza e incita a la acción." En Robert Schreiter. *Constructing Local Theologies*. (Maryknoll: Orbis Books, 1985), 16-17.

97 Marilyn Naidoo. "Ministerial Training: The Need for Pedagogies of Formation and of Contextualisation in Theological Education." En *Missionalia* 38:3 (Nov. 2010), 351.

igualmente necesitan ser formados y equipados con habilidades particulares (dones) y necesarias para la vida de la iglesia dentro y fuera de su espacio vital.

De esta forma, surge un principio que acompañará toda educación teológica equilibrada y pensada para la acción misionera de la iglesia y no solo para el "mantenimiento" o preservación de la misma. Para que la educación teológica permanezca relevante frente a los desafíos particulares que la sociedad presenta a la iglesia y trascienda el preconcepto de enfocarse en temas u ofrecer respuestas a preguntas en las que ya nadie se interesa; resulta imperativo que la misma se piense y construya desde y para las bases (comunidades locales) y no desde la cúpula académica, limitada al acceso de unos pocos. La profundidad académica de la reflexión teológica no debe verse divorciada, ni mucho menos en oposición a la vida y práctica de las iglesias locales, sino que desde allí mismo han de surgir, en más de una oportunidad, desafíos concretos para los que muchos de los que se ocupan de brindar educación teológica no están atentos ni preparados para articular respuestas relevantes.[98]

La participación del pueblo de Dios, reunido en comunidades locales definidas, tiene como objetivo estimular la reflexión teológica como ejercicio permanente en el contexto diario del cristiano. De esta manera, estará preparado para desarrollar una mirada crítica y al mismo tiempo comprometida poniéndose al servicio del prójimo, ejercitando el amor que brota de la fe, el cual es marca indiscutida del verdadero discipulado para un testimonio coherente y poderoso en la sociedad (1 P 2:12; 3:1-2; 1 Ti 3:7).[99]

La formación teológica debe orientarse hacia el pueblo de Dios con el fin último de involucrarlo y movilizarlo en la misión, más allá de la forma concreta que tome en función de la vocación particular de cada uno.[100] Esta orientación última también permitirá el desarrollo de programas que

98 "...la iglesia debe , a fin de llevar adelante una buena estrategia misionera: (a)incorporar una lectura objetiva de la realidad donde se inserta el pueblo de Dios, para responder a su llamado (1 P 2:9; 3:15; 2 P 1:10; Ef 4:4); (b) Entendemos que tal lectura puede ser auxiliada por las ciencias sociales y del comportamiento (antropología, sociología, sicología y comunicación), para comprender mejor al hombre al cual se dirige nuestro mensaje (Jn 2:24-25)." En Roni Marquardt. *Op. Cit.*, 165.

99 "La educación teológica tiene como meta el Reino de Dios y su justicia. Debe estar orientada, por lo tanto, a una renovación total del educando y de su contexto. Esto supone una amplia gama de alternativas creativas y flexibles, a fin de responder a las necesidades particulares de cada comunidad local, estimulando la reflexión crítica y la acción solidaria en cada situación. Todos los miembros de la iglesia precisan una comprensión integral de la misión y la motivación para participar activamente de ella." En René Padilla, ed. *Nuevas Alternativas de Educación Teológica.* (Buenos Aires: Nueva Creación, 1986), 132.

100 "La educación teológica debe enseñar los fundamentos de la fe bíblica para movilizar a todo el pueblo de Dios a vivir en el día a día las consecuencias de su discipulado radical. Este tipo de educación teológica debe ser "de adentro hacia afuera", dirigida hacia el mundo expresando el significado del discipulado aquí y ahora." En Charles Van Engen. *God's Missionary People.* (Grand Rapids, Baker Book House, 1991), 153.

permitan la formación específica para el servicio en distintas áreas de la vida de la iglesia, estableciendo y reconociendo los oficios que sean necesarios para un crecimiento armónico y sostenido (diaconías, enseñanza, evangelismo, comunión, etc.), y particularmente el oficio pastoral.

Al decir que la educación se orienta desde y hacia la comunidad local como base de todo esfuerzo misional, también podemos afirmar que la tarea de la formación teológica necesita ser pensada desde la práctica de la iglesia en su vivencia cotidiana, es decir, cuál es su testimonio y cómo actúa. Así, la educación teológica se nutre de la vivencia comunitaria, de sus anhelos y también de sus frustraciones. Al mismo tiempo puede ejercer la función de interpelar toda práctica y testimonio contradictorio, reorientando lo que se desvíe del objetivo final, proveyendo recursos formativos específicos para lograrlo. Como expresa Francis DuBose: "La afinidad particular de la misiología por la práctica de la fe le da acceso a un reservorio de conocimiento, comprensión y reflexión que la enriquece como disciplina académica y provee aportes prácticos que ayudan a evaluar la teoría de los manuales." [101] De esta forma, vemos que hay una necesidad de establecer un diálogo constante entre lo que se refiere a la vida de la iglesia y el movimiento dinámico que esto implica con todos los programas de educación teológica que puedan organizarse, más allá de las personas a las que estos se dirijan.

Otro aspecto de la orientación desde y hacia la comunidad local nos permite perseguir otro objetivo relacionado que, en consideración del contexto misional que ya describimos, se revela como muy necesario: aprender a evaluar la realidad y las situaciones que nos rodean desde la palabra de Dios. En otras palabras, aprender a pensar teológicamente. Este aprendizaje se realiza en el compromiso diario y consciente de asumir la identidad como hijo de Dios en medio de una sociedad que se guía por valores distintos y coloca su esperanza en logros terrenales. [102] Por el contario, la iglesia se identifica con la imagen bíblica del "extranjero y peregrino" (1 P 2:11-17), sabiendo que aunque su esperanza y lugar de destino trascienden este mundo, aun así se identifica con las luchas que comparte en su humanidad, esperando ser útil y aportar al bienestar general desde su testimonio por el evangelio. La Biblia como palabra de Dios es fuente de autoridad y por ella adquirimos sabiduría para discernir el tiempo que nos

---

[101] Francis DuBose. *Op. Cit.*, 151.

[102] En su tercera tesis C.F.W. Walther se refiere a la "escuela de la experiencia" como el lugar donde el Espíritu Santo instruye y comprueba en la vida del cristiano los resultados de conocer y comprender la Palabra de Dios: "Distinguir debidamente entre ley y evangelio es el arte cristiano y teológico más difícil y elevado, el cual solo el Espíritu Santo enseña en la escuela de la experiencia". En *Ley Evangelio.* (Buenos Aires: Editorial Concordia, 1972), 38.

toca vivir. De la misma forma, en la educación teológica enfocamos todo quehacer reflexivo y ejercicio de aplicación desde la palabra de Dios hacia el mundo. Así direccionamos apropiadamente todo esfuerzo, logramos desarrollar una capacidad de reflexión bíblica independiente de ideologías dominantes y adquirimos la sensibilidad necesaria para no perder de vista la sociedad como el lugar donde el evangelio de Cristo hará su impacto con nuestra presencia.[103]

Así, con la certeza que la educación teológica necesita centrarse en la iglesia como lugar de formación e interpretación del texto bíblico en su contexto (teología contextual o autóctona),[104] también implica que, para ser verdaderamente significativa y formativa de toda la comunidad, debe ser inclusiva. Esto significa que no puede conformarse con llegar a una parte de la comunidad, sino a todos. Cada uno en su edad y etapa de la vida será considerado como receptor de un plan de formación integral fundado en el poder del evangelio, como promesa de perdón y vida plena, y como buena noticia para compartir. El sentido inclusivo del mismo evangelio determina la identidad de toda herramienta educativa que pretenda promoverlo. De esta forma, solo un programa formativo y educativo que logre incluir y abarcar a todos los que componen una determinada comunidad cristiana podrá plasmar concretamente el objetivo de capacitar al pueblo de Dios para ser una iglesia activa y relevante en su contexto. La lógica de este criterio queda determinada por el ejercicio de lo que significa ser inclusivo en la comunión de la fe (de los santos-pecadores), encarnando de esta forma el sentido corporativo de la iglesia, que es el cuerpo de Cristo. Pues, solo cuando una comunidad es capaz de incluir y considerar igualmente a todos los que están en su seno, estará preparada para considerar, incluir, y abarcar a quienes no pertenecen a ella.[105]

---

103 "El evangelio es una promesa... Pero es evangelio porque contiene un irresistible 'hoy' y aun más porque es una 'promesa', porque revela la potencialidad de lo que está por venir, la potencialidad que siempre apunta más allá del 'ahora' y el 'aquí'." En Werner Elert. *The Structure of Lutheranism.* (Saint Louis: Concordia Publishing House, 1962), 179.

104 "una iglesia indígena debe actuar a base de una teología contextualizada, dirigida a las preguntas principales con las que se está luchando en la sociedad en la cual se encuentra la iglesia." En Rodolfo Blank. *Teología y Misión en América Latina.* (Saint Louis: Concordia Publishing House, 1996), 49.

105 Es muy valioso el aporte que trae el profesor Detlev Schulz cuando resume en cinco puntos aquellas conductas que reflejan una mentalidad misionera en la vida de la iglesia, ellos son (1) los visitantes son bienvenidos en la iglesia y se sienten a gusto con el grupo; (2) la congregación ofrece cuidado pastoral y otros servicios por medio de sus diferentes miembros sin que se ejerza un monopolio por parte del pastor; (3) los miembros son equipados para involucrarse activamente en la sociedad; (4) la congregación es flexible y capaz de responder a nuevas necesidades y desafíos; (5) la congregación no defiende los privilegios de sus miembros como grupo selecto, sino que permanece enfocada en el mundo, el lugar de la *missio Dei.* En *Mission from the Cross. The Lutheran Theology of Missions.* (Saint Louis: Concordia Publishing House, 2009), 235.

Además, para lograr este sentido corporativo o inclusivo en la vivencia de la nutrición espiritual de la fe, encontramos que el texto bíblico debe ir acompañado de una sana interpretación del mismo. La hermenéutica bíblica es una herramienta fundamental para la educación teológica, a la cual no siempre se le presta suficiente atención, como el sólido cimiento sobre el cual se edificará todo lo que pueda aprenderse en cuanto a la vida cristiana y al mismo tiempo la llamada teología práctica y pastoral. El parámetro para identificar una interpretación bíblica saludable se comprueba en los resultados o énfasis que logra en su aplicación. Principalmente, será visible porque estimulará por un lado el cuidado de la sana doctrina, pero al mismo tiempo se plasmará en la predicación y la enseñanza del evangelio en todo momento y en todo lugar, trascendiendo la intención humana de solo preocuparse en preservar la uniformidad institucional.[106]

Ya tuvimos oportunidad de elaborar una justificación de la importancia de conocer el contexto de la misión, y además ofrecimos una amplia descripción de las características que manifiesta la sociedad en la que vivimos actualmente. Estos aspectos, en mayor o menor medida, pueden identificarse principalmente en las grandes ciudades del mundo, pero su presencia es global. A lo ya mencionado, deseamos sumar un pensamiento relacionado con la educación teológica debido a que en muchas ocasiones los programas que se pueden analizar se perfilan hacia una mirada idealista o triunfalista de la tarea que desarrolla el obrero cristiano. Sin embargo, esta forma de encarar y ofrecer la capacitación teológica pasa por alto la formación espiritual y consecuente maduración para identificar los desafíos concretos y las contradicciones que rodean el servicio al evangelio.

Es necesario reconocer que la iglesia está siendo probada por el fuego de la persecución en muchas partes del mundo, encontrando formas de sostener su fe y testimonio como minoría, frente a poderes humanos (y diabólicos) que desprecian, confrontan, y niegan la vida verdadera que solo hay en Cristo. Podemos avizorar que el tiempo futuro estará marcado por estas condiciones que mencionamos: la persecución en condición de minoría espiritual. En algunas partes del mundo esta persecución será física (vulneración de derechos humanos) y legal con la anuencia del estado. Pero en otras partes tomará formas más sutiles, pero igualmente desafiantes, como lo indiferencia, el desprecio, y la discriminación por

---

106 "De palabra decimos que quisiéramos que todo el pueblo de Dios fuera profeta, pero en general lo que queremos decir es que quisiéramos que todos trabajaran diligentemente en y para la organización, bajo la dirección de los responsables de la misma." En Roland Allen. *La Expansión Espontánea de la Iglesia*. (Buenos Aires: Editorial La Aurora, 1970), 163.

considerar a los cristianos como retrógrados, anticuados, y faltos de juicio (particularmente con respecto a temas de sexualidad, matrimonio, y protección de la vida) frente a valores que buscan imponer una cultura de la muerte en todos los ámbitos, en muchos casos con la promoción y el apoyo económico del gobierno. Sabemos que, bíblicamente, la vida de la iglesia está signada por esta oposición (Jn 17:14) con la cual necesitamos aprender a convivir e identificarnos constructivamente (Ro 8:18 y 28).

Temas como la unidad y cohesión interna de la comunidad, así como el tipo de líderes necesarios que estas comunidades bajo presión necesitan, tendrán que ser contemplados en la educación teológica en próximas generaciones. Con respecto a este punto, necesitamos revisar el rol de las instituciones de formación teológica en cuanto al desarrollo espiritual, de la disciplina y autonomía personales para servir a Dios con alegría, así como de la voluntad dispuesta más allá de la supervisión de otros.[107] Además, deberán brotar formas creativas de concebir el evangelismo, considerar el diálogo y la cooperación entre variadas denominaciones cristianas, abordar la relación con las instituciones del Estado y la presencia social, las cuales también serán temas necesarios a considerar en el currículo que provea una identidad y formación adecuada al tiempo futuro.[108]

Un riesgo siempre presente tiene que ver con polarizar entre doctrina y práctica, como si el conocimiento de la doctrina impidiera la práctica, por un lado, o como si la práctica fuera posible sin fundamento doctrinal. El desprecio de la sana doctrina y la confesionalidad no es la respuesta al desafío misionero de la iglesia, ni requisito previo para lograr la relevancia contextual deseada. Por el contrario, la coherencia bíblica-teológica de la educación teológica redundará en la centralidad de la misión como objetivo de toda acción en la iglesia. En tanto que la Biblia permanezca como texto fundamental en la formación de la iglesia y solo sea complementada por otros materiales que reconozcan ese rol, la acción misionera seguirá como consecuencia natural a todo el proceso formativo.

La coherencia bíblica-teológica que mencionamos también busca mostrarse en la forma en que podremos encarar la formación/información de las personas de fe para vivir en una sociedad posmoderna. Así, por ejemplo, se proponen dos ejes de acción desde los cuales podemos unificar mucho de lo que hemos hablado:[109]

---

107 Marilyn Naidoo. *Op. Cit.*, 348.

108 "La fe por naturaleza se encuentra bajo ataque. Existe en el mientras tanto. Es tanto fe en contra de algo así como fe en algo. Se sostiene bajo la tensión de la constante prueba... En estos conflictos el creyente reconocerá que la experiencia debe subordinarse a la Palabra de la promesa." En Robert Kolb. *Op. Cit.*, 211.

109 Luis González-Carvajal. *Op. Cit.*, 186.

Revalorización de la vivencia espiritual, de modo tal que la experiencia de la fe se sostenga en una forma de hacer teología que se sujete a la revelación de Dios (Palabra), respete el sentido trascendental de la fe, y evite el intelectualismo frívolo incapaz de relacionar su tarea con la vida de la iglesia.[110]

Revalorización de un cristianismo que celebre la libertad del evangelio, de modo que no tema manifestar la alegría propia de la fe, que no es otra cosa que "el gozo de tu salvación" (Sal 51:12-13; Is 12:3). Cuando esta dimensión festiva permea desde la adoración toda la vida de la iglesia, ella es capacitada para reconocer y agradecer los dones benditos que Dios entrega por medio de Cristo para edificación de la comunidad en su participación en la misión.

Junto a estos ejes de acción para formatear la identidad de la iglesia en este tiempo, también consideramos los siguientes criterios para la implementación y evaluación de todo programa de educación teológica:

Teológicamente sano. Esto significa que se fundamenta en la palabra de Dios como texto esencial para la instrucción espiritual, afectiva, intelectual, y desarrollo de habilidades necesarias para el servicio de la iglesia.

Contextualmente apropiado. Aquí hemos de considerar no solo los recursos materiales disponibles, sino también los esquemas naturales de educación o aprendizaje propios del lugar donde trabajamos. La formación teológica también requiere una pedagogía adecuada, junto a metodologías que permitan llegar a todas las personas, en diversas situaciones.

Educacionalmente creíble. Este criterio nos enfoca en la necesidad de proveer herramientas útiles para el servicio, que además tenga un marco de duración definido y aceptable, que pueda encadenarse con otros niveles formativos con mayor dificultad, de tal forma que pueda ampliarse de acuerdo a las necesidades, sin que por eso deje de tener la suficiente flexibilidad para incorporar cambios cuando se evalúen necesarios.[111]

Estas consignas no son solo útiles, sino también comprobables, pues buscan construir desde la sencillez de lo cercano y posible en cada iglesia (sin importar el tamaño y la disponibilidad económica de la misma) un programa de capacitación teológica que se sostenga en el tiempo con presencia en el campo de trabajo, priorizando la formación de líderes aptos para el servicio pastoral en muchos casos, pero también de laicos dedicados que han podido demostrar fidelidad en sus responsabilidades a lo largo del tiempo (Mt 25:21; Hch 6:3; 2 Ti 2:2).

---

110 En cuanto a esto podemos citar el conocido refrán de Lutero: "La oración, meditación, y tribulación [la cruz] hacen al teólogo" (*Oratio, meditatio, tentatio faciunt theologum*).

111 Robert Newton. Apuntes de clase DMSL 920 "Leadership Training Design".

La aplicación de cada uno de estos criterios nos permitirá promover programas de educación teológica equilibrados que no pierdan de vista el objetivo central de toda acción, evitando la gran tentación de hacer de todo programa un fin en sí mismo que nos veamos obligados a sostener más allá de las dificultades o ineficacias que logremos identificar.

Otro enfoque complementario y posible al tema de la educación teológica y sus desafíos mirando al futuro viene de la investigación realizada por Robert Ferris, quien logra definir a partir de su trabajo que los siguientes factores contribuyen a la renovación en la educación teológica. Ellos son: 1) reenfocarse en el servicio a la iglesia; 2) reenfocarse en tratar temas de relevancia cultural; 3) mayor integración entre teoría y práctica; 4) mayor énfasis en Biblia y teología; 5) mayor énfasis en las habilidades para ministrar; 6) mayor énfasis en la formación espiritual; 7) reenfocarse en evangelismo y misión; 8) mayor énfasis en la investigación teológica.[112] Claramente descubrimos que todos estos factores tienen en común afirmar que la vitalidad de la educación teológica proviene de una relación tan estrecha como sea posible con los desafíos y la vida de las comunidades locales, buscando orientarlas permanentemente hacia la misión de Dios.

En consideración de lo expuesto podemos concluir que la educación teológica permanece como la llave que nos permite integrar todos los temas considerados en esta sección: hermenéutica, contexto, y estrategia misional en un círculo virtuoso que logra retroalimentarse y permanecer con la vigencia necesaria para no descansar en los logros del pasado, sino reconfigurarse con el paso del tiempo de acuerdo a cómo vayan observándose los cambios sociales y culturales de los cuales la iglesia no es ajena, ni tampoco debería pensar que así podría ser.

En todo momento, nuestro esfuerzo siempre debe establecer por norte inconfundible la obra de Cristo y el tesoro bendito del evangelio. La vida de la iglesia brota del evangelio y de su entrega permanente. Este llamado y envío de Dios a su iglesia es ineludible, también es determinante de nuestra identidad y no deja de confrontarnos también con nuestras propias debilidades, las cuales no debemos consentir, sino enfrentarlas en el poder del evangelio para no desanimarnos y perseverar en el camino de la vida verdadera (2 Co 12:9).

112 Robert Ferris. *Renewal in Theological Education.* (Wheaton: Billy Graham Center, 1990), 38.

Preguntas

¿Es posible hablar de teología de la misión sin antes establecer un acuerdo (que el mismo texto bíblico provea) por el cual tengamos un fundamento válido sobre la forma en que leemos e interpretamos el texto bíblico?

El ser consciente de la naturaleza misional de las Escrituras, ¿hace realmente una diferencia en la comprensión y aplicación de ellas?

¿Qué consecuencias tiene para la práctica misionera de la iglesia que la doctrina de la justificación por la fe sea el artículo fundamental por el cual "la iglesia permanece o cae"?

¿Cuáles son los beneficios de considerar y aplicar la "hermenéutica misional"?

¿Cuáles son las tensiones que podemos identificar cuando leemos el texto bíblico?, ¿de qué forma podemos identificar las mismas o similares tensiones en la actualidad en el contexto social en que vivimos?

¿Qué consecuencias tiene para el trabajo de la iglesia considerar el contexto misional desde la perspectiva teológica que nos ofrece Martín Lutero en su explicación del primer mandamiento en el Catecismo Mayor?

¿Qué tipo de actividades podemos realizar para identificar las características contextuales en donde buscamos proclamar el evangelio?

¿Qué desafíos establece la propia realidad de su iglesia o congregación?

¿Qué desafíos establece el entorno social en cual se encuentra su iglesia?

¿De qué manera nos desafía el desencanto generalizado de las personas por las vanas promesas que el mundo ofrece?, ¿qué implica para la iglesia cristiana predicar el evangelio como promesas de Dios para el ser humano?

¿Cuáles son las principales características de la cultura posmoderna que podemos identificar en nuestro entorno social?, ¿qué desafío plantean a la proclamación del evangelio?

¿Para qué usamos las redes sociales? Existe una relación entre las redes sociales y la violencia, ¿hay "buenas noticias" (evangelio) para compartir en una sociedad hiper-conectada? Reflexionen sobre la abundancia de novedades e información que buscan opacar o desacreditar la novedad y el poder del eterno mensaje de Dios y las bendiciones que trae en la vida de quienes confían y esperan en él.

¿Cuál es la diferencia entre las siguientes expresiones: "Hacer relevante al evangelio" y "Ser relevantes para el evangelio"? Reflexionen sobre sus respuestas y consideren los espacios o momentos en sus vidas en que pueden ser relevantes como mensajeros del evangelio.

¿Cuál es la relación entre el fundamento para la misión y la dimensión estratégica de la misma?, ¿qué tipos de prejuicios podemos encontrar al hablar de "estrategia misional"?

¿Qué formas de cooperación o "solidaridad estratégica" pueden lograrse entre comunidades cristianas a nivel local, regional o internacional?, ¿tienen nuestras congregaciones esta mirada amplia de ser una pequeña parte de una realidad mayor que llamamos "iglesia universal"? ¿De qué manera podemos enseñar para que se desarrolle con mayor claridad?

¿Qué consecuencias tiene el concepto del discipulado bíblico en el desarrollo de una estrategia misional integral aplicada en la congregación local o como parte de un programa de formación teológica en la iglesia?

¿Qué recursos (humanos, formativos, económicos, otros) posee su iglesia para desarrollar un plan estratégico regional o nacional para el establecimiento de nuevas congregaciones en lugares donde aun no se han establecido?, ¿cuáles le faltan o necesita fortalecer? ¿Cómo pueden conseguirlos?

¿Qué entendemos por "plataformas de acceso"? ¿Conocemos en nuestras congregaciones los ámbitos vocacionales que ocupa cada uno de nuestros hermanos en la fe?, o ¿solo conocemos aquellos que son útiles para sostener la estructura eclesiástica?

¿Qué tipo de beneficios ofrece la aplicación de la "estrategia doble" para enfocarnos en la integración del fundamento misional en la vida de las congregaciones?

¿Qué entendemos por "intensificación"? ¿Qué entendemos por "apertura"?

¿Comparten el análisis sobre la crisis de liderazgo actual en las iglesias?, ¿cuáles son los factores sociales que promueven esta crisis?, ¿qué pasos podemos dar para revertirla?

¿Qué necesita la iglesia en cuanto a formación o enseñanza bíblica-teológica? ¿Qué desafíos establece su propia realidad eclesiástica en cuanto a la educación teológica? ¿Qué desafíos establece el entorno social para implementar un programa de educación teológica?

¿Cómo vislumbramos el futuro de la educación teológica para la misión en conexión con un contexto de persecución y minoría para la iglesia cristiana?

¿Cuáles son los principales criterios para elaborar un programa de formación teológica misional para una iglesia nacional y/o para la congregación local?

¿Cuáles son los principios con los cuáles podemos evaluar la relevancia de todo programa de educación teológica?

¿De qué manera podemos evaluar la educación teológica en nuestras comunidades? ¿Qué implicancias tiene la imagen bíblica del "cuerpo de Cristo" en la elaboración e implementación de un programa de educación teológica a nivel local o nacional?

Capítulo cinco
CONCLUSIÓN

"¿Y ahora qué?" parece ser la pregunta necesaria. Ahora es tiempo de la acción nutrida por la reflexión. Así como planteamos en la introducción, consideramos que hablar de misión y la teología que la rodea demanda un gran compromiso de fidelidad con la palabra de Dios, pero al mismo tiempo ese compromiso de fidelidad debe reflejarse en la capacidad de ser creativos y adecuados a nuestro tiempo y contexto misional. Esta es la tensión necesaria, sin la cual se pierde el centro de todo lo que no es otro que Cristo mismo, Señor y Salvador, quien se entrega, nos recibe, y envía.

Hablar de conclusión cuando el tema abordado es una acción continua que no concluye, sino que resulta de la dinámica permanente del Dios trino, vivo y activo en su obra de salvación, parece contradictorio. Hemos de concluir paradójicamente que ni la reflexión ni la acción misionera pueden concluir, ni decir que *ya hemos alcanzado* (parafraseando al apóstol Pablo en Flp 3:13) el objetivo de dilucidar todos los dilemas que nos rodean en cuanto a la esencia y la manifestación de una teología de la misión. Hemos logrado identificar desafíos que confrontan la misión de Dios en la iglesia, así como también rescatar que el sentido de lucha y oposición es una marca bíblica constante que se revela ya en Génesis 3:15 y nos acompañará mientras sostengamos en alto la causa del evangelio. Este sentido de lucha constante solo puede asumirse cuando se la lee en clave de victoria (Ap 7:9-12). Cristo vence y lo que él hace por y en su Iglesia, como su cabeza, es para todos nosotros fuente de consuelo, fortaleza, e impulso para proseguir caminando con fe y seguridad.

Destacamos que la teología de la misión comprende un carácter integral e integrador, por eso proponemos el desarrollo y aplicación de la hermenéutica misional, no como algo novedoso que imponemos al texto bíblico, sino como una forma de preservar la centralidad de Cristo en las Escrituras junto con su obra redentora por la humanidad. Las consecuencias de una lectura bíblica que orienta hacia Cristo, vivo y activo en la comunidad se manifiestan en la comprensión y apropiación del lugar que a cada uno le corresponde en la misión, sin excusas ni imposiciones culturales o ideológicas que impidan el testimonio fiel de cada hijo de Dios.

La presentación de principios teológicos y de acción en las primeras secciones del libro nos permitieron construir una visión complementaria de lo que significa desentrañar la teología de la misión de la Biblia, en tanto que la misma palabra de Dios nos va entregando este tesoro a partir de la práctica misma de las primeras comunidades cristianas. Nunca será exagerado sostener el énfasis que el Nuevo Testamento, aquí enfocado particularmente, se forjó en el contexto del progreso del evangelio en el mundo hasta entonces conocido (un contexto netamente misional). Tal consideración conforma el recuerdo permanente de que la identidad de la iglesia cristiana solo se afirma (o afila) estando presente y activa en medio de la sociedad, aun sabiendo todo lo que ello implica.

La perspectiva que hoy ofrecemos nos invita a seguir considerando temas que nos ayudarán a sostener en el presente la herencia espiritual acumulada a lo largo de siglos de historia viva que desarrolló la iglesia. El legado de la Reforma y el reconocimiento de nuestras Confesiones Luteranas son para nosotros el testimonio hacia la fidelidad y el compromiso con el evangelio, por el cual no solo se habló sin temor, sino también con entendimiento y certeza de la verdad a sostener y defender. El espíritu confesional se manifestará hoy, no tanto por la preservación de una tradición y cultura eclesiástica (sin caer en la negación), sino por la identificación de la nueva frontera misional que fenómenos como la globalización, el relativismo ético, el pluralismo religioso, y la libertad individualista establecen, y hacia la cual nos empuja el mismo Espíritu Santo con la posibilidad de articular un mensaje claro, sin negaciones, sumando la relevancia propia de los hijos de Dios atentos e integrados en la vida social de tal forma que nuestra presencia sea inconfundible por ser coherente y fiel.

Además de identificar la frontera o trinchera misional, es necesario estar preparados puertas adentro con toda herramienta que nos capacite y provea la experiencia en el campo de acción para no vernos sorprendidos o superados por la contradicción que debamos enfrentar. Por eso reconocemos que una parte importante de la vitalidad de nuestras comunidades locales en el futuro estará marcada por los procesos formativos intencionales orientados hacia el afianzamiento de la identidad del individuo cristiano en conjunción con la dimensión comunitaria misionera en la que esté integrado. La congregación local como comunidad simultáneamente santa y pecadora aprenderá, en medio de esta ambivalencia, a depender más del Señor Jesucristo, dejando de lado fórmulas para el éxito que no reconocen ni colocan al evangelio como el parámetro por el cual se evalúa todo, ni tampoco necesitan el poder del evangelio para sostenerse.

Por el contrario, en tanto que la iglesia depende y aprende a ser moldeada como cuerpo de Cristo, viviendo en la unidad del Espíritu Santo "en Cristo", podrá sobreponerse a la tentación de tomar atajos cómodos en lugar de cargar la cruz y servir a su Señor. Por eso, la formación teológica en todos los niveles se orientará hacia la comunicación multicultural del evangelio, lo cual incluirá una orientación particular hacia la defensa (apologética) del mensaje en medio de un creciente contexto relativista y pluralista, proveyendo la debida apropiación de una experiencia previa con acompañamiento en la práctica, es decir un discipulado que trascienda el espacio áulico hacia una instrucción que provea habilidades específicas para ser activos y comprometidos en la misión.

El trasfondo sobre el cual se construye toda teología, y más aun la que se enfoca principalmente en la misión, no es otro que el de las promesas del Señor y la esperanza escatológica de la consumación del tiempo presente cuando se manifestará plenamente el reino de Cristo sobre todo lo creado. Sin dudas las promesas del Señor nos sostienen, más aun cuando consideramos que el tiempo que vivimos puede significar la cercanía de una nueva realidad. Pero tenemos la confianza que junto a las promesas también crece la esperanza y por eso no nos desanimamos -como dice Pablo en 2 Co 4:1 y 16- sino que aun en medio de la debilidad propia aprendemos a esperar solo en quien puede consolar y fortalecernos.

Tal esperanza en las promesas no nos pone en una situación de contemplación inmóvil, no es ese su propósito, y si alguna vez pudiésemos entenderla de esa forma, seremos convencidos por el evangelio mismo de que perdimos el rumbo. La esperanza que Cristo da nos moviliza. Con esto en mente, necesitamos aprender que la esperanza moviliza, sí, pero hacia el futuro. Esto traerá de tiempo en tiempo periodos de renovación, quizás hasta de ruptura por la dureza de lo que construimos y no nos permitirá permanecer audaces y comprometidos con la proclamación del evangelio. Una vida en fe es una vida de constante arrepentimiento y confesión, pues la naturaleza carnal no busca lo que es de Dios, sino lo propio, es decir la auto gratificación y promoción de objetivos personales en lugar de sujetarse a la voluntad salvífica del Padre (Ro 8:1-6). Movidos en fe, tendremos la humildad que nos ayude a no aferrarnos ni depender de lo que sea efímero o propio de este mundo.

Con esto en mente, consideramos que el movimiento migratorio global y el cambio del centro de gravedad de la iglesia cristiana hacia regiones del mundo, en donde siglos atrás solo se veían campos misioneros, demanda análisis, evaluación, y conclusiones que impulsen la formación de nuevas redes de vínculos direccionados a compartir recursos, experiencias, y personas capacitadas en el campo misionero y en la educación teológica para la misión. Esta es la forma en que pondremos por obra esta convicción de que la renovación, en cuanto al trabajo misionero de las iglesias, no tiene que verse como una pérdida, sino como una nueva oportunidad de servicio bajo diferentes condiciones.

El fin de toda reflexión misionera, más allá del contexto donde esta se forje, es sostener la universalidad (centralidad) del evangelio al mismo tiempo que asumir las particularidades de su comunicación de acuerdo al tiempo y espacio donde el mensaje será proclamado. En esto, la misma práctica misionera nos proveerá de claves para que la reflexión sea continua. La contextualización en la misión es un tema que también merece mayor atención y cuidado. No podemos ignorar su necesidad y sus consecuencias, y debemos considerar el equilibrio al aplicarla. Podemos darnos cuenta de que el campo de la teología misional es amplio y su capacidad de influir en la vida de la iglesia no puede pasarse por alto. Con todo lo dicho, reconocemos con ánimo pronto que el Dios trino está presente y activo con su iglesia siempre. Esta presencia real del Dios que ama, entrega, bendice, y envía (*missio Dei*) nos orientará en todo momento a ser agentes multiplicadores de su obra, como reflejo evidente de todo lo que él hace por nosotros, pues así la iglesia es verdadera y efectivamente el instrumento útil por el que Dios mismo llegará a todas las naciones para su salvación (*missio ecclesiae*).

Apéndices

APÉNDICE I
Contexto Cultural

Instrumentos para la recolección de información, determinación de características, necesidades y posibilidades del contexto social para el establecimiento de una estrategia misional (recopilados de varias fuentes).

Relevamiento de la zona. Distribución demográfica. Mapa de la zona. Distribución geográfica. Concentración/centros urbanos.

Otros grupos religiosos. ¿Quiénes? ¿Cuántos? ¿Qué hacen (dónde se insertan)? Estrategias de trabajo (captación y mantenimiento), horarios.

Fuentes de Trabajo. Desarrollo y situación de la economía. Perspectivas a futuro. ¿Dónde trabaja la mayoría de la gente?

Estructura social. Clases sociales, divisiones. Rol e influencia del gobierno y la iglesia mayoritaria. Iniciativa privada. Presencia de empresas e industria locales. Otras instituciones referentes o aglutinantes. Grupos humanos (etnias, inmigrantes).

Principales necesidades (individuales, comunitarias/sistémicas). ¿Cuáles son los problemas y conflictos sociales? ¿Cuáles son los intereses de la gente?

Costumbres y tradiciones. ¿Cuáles son las principales reglas sociales que se observan? ¿Qué efecto tienen en la sociedad?

Valores de la sociedad. ¿Cuál es el rol de la familia, los amigos, el compromiso y la responsabilidad comunitarios, etc.?

Educación. Niveles secundario/ terciario/ universitario. Éxodo de jóvenes. Movimiento de estudiantes.

Transición. ¿Es una ciudad en desarrollo o estancada? ¿La mayoría son propietarios? ¿El gobierno está invirtiendo en obras de infraestructura?

Medios de Comunicación. Radio, televisión, impresos.

Recreación. ¿Cuáles son principales eventos sociales/ culturales? (actividades de entretenimiento, lugares de convocatoria).

Censo religioso

1. ¿Con qué religión se identifica?

2. ¿Participa regularmente de sus actividades?

Sí O No O A veces O

3. ¿Con qué frecuencia?

Semanalmente O Mensualmente O De vez en cuando O

4. ¿Tiene usted una Biblia en su casa?

Sí O No O

5. ¿Lee la Biblia?

Sí O No O

6. ¿Le gustaría estudiar la Biblia?

Sí O No O

7. ¿Dónde?

En mi casa O Otra casa O Lugar de reunión O Otros O

8. ¿Cuáles son las tres cosas importantes en la vida?

9. ¿Cuáles son las principales necesidades de la comunidad/preocupaciones para el futuro?

10. ¿Hay alguna forma en que la iglesia pueda ayudar a su familia?

Cultura y creencias religiosas

1. Frente a una necesidad importante en su vida, ¿a quién recurre? ¿Quién le ofrece la ayuda más efectiva?

2. ¿Cuál es el porcentaje aproximado de personas en su comunidad que cree en Dios? ¿Cómo lo definen? ¿Creen en la existencia de un Ser Superior?

3. ¿Qué porcentaje de personas cree en un cielo e infierno reales? De todos estos, ¿qué porcentaje cree que irá al cielo por la forma en que vivieron sus vidas?

4. ¿Qué porcentaje de la comunidad cree en Satanás (o demonios)? ¿Cómo los definen? ¿Los estudiantes universitarios creen en el diablo?

5. ¿Cuál es la influencia y difusión del Movimiento de la Nueva Era?

6. ¿Cuáles son las filosofías seculares predominantes (cosmovisiones) en el área? ¿Humanismo, racionalismo, materialismo, postmodernismo, relativismo, etc.? ¿Cuál es el nivel de influencia?

7. ¿Existen formas y prácticas religiosas relacionadas con los pueblos nativos originales (animismo)?, ¿De qué manera se manifiestan? ¿Se relacionan con otras formas de religión institucionalizadas (sincretismo)?

8. ¿Se practican formas de religión espiritistas (vudú, macumba, etc.) en la ciudad? ¿Cuántas? ¿Dónde? ¿Se ofrecen animales u otros sacrificios?

9. ¿Cuáles son los principales motivos por los que los no creyentes no participan de alguna iglesia (según ellos mismos lo expresan)? ¿Consideran que la iglesia tiene algún tipo de valor en su vida? ¿Creen que pueden ser buenos cristianos sin asistir a una iglesia?

APÉNDICE II
Redes de contacto, roles y relaciones personales: Claves para desarrollar la misión de la iglesia en el contexto urbano[1]

Introducción

La misión de la iglesia cristiana es una y la misma para todos los creyentes de todas las épocas. El corazón y motor de la misión está en Dios mismo (*Missio Dei*), quien en su buena voluntad no solo dispone la salvación para toda la humanidad a través de la encarnación y consecuente muerte sacrificial de Cristo, sino que también establece los medios por los que la iglesia se pone en acción para anunciar la obra de amor y compasión del Dios trino, es decir el evangelio y los sacramentos. Este es el plan que Dios propone a su iglesia, no para que lo piense y vea, sino para que lo desarrolle en su medio. Aquí es donde la iglesia como comunidad redimida y reunida en torno al Cristo vivo, define una visión, identidad y forma de trabajar en el contexto específico en que la providencia divina ha querido establecerla.

Dentro de este esquema general de acción de la iglesia, nos introducimos al tema de la misión de la iglesia en el contexto urbano. La ciudad parece ser un enigma para la tarea misional,[2] se presenta como un conglomerado de personas sin rostro, casi inhumano, planteando desafíos importantes para todos los que trabajamos en este medio. Por eso es necesario iniciar un proceso de reflexión que nos permita identificar algunas claves que caracterizan al ser urbano. En este momento se abordarán dos de ellas: las redes de contacto, y los roles y las relaciones personales. El artículo no pretende agotar el tema mismo, ni tampoco busca reducir las "claves" que aquí se tratan.

De la misma forma, confiamos en que pueda contemplarse la necesidad y el valioso trabajo de pensar teológicamente desde la realidad y

1 Este artículo fue publicado en *Revista Teológica*. Año 46, número 164, 2006. Buenos Aires: Seminario Concordia.

2 Harvie Conn afirma que la mayor dificultad de las iglesias en general para trabajar en la ciudad son sus propios prejuicios hacia ella, así como los problemas que han resultado de experiencias previas que solo afirman el prejuicio existente. Esta combinación lleva a que haya una dificultad para trabajar misionalmente en las ciudades. Los prejuicios o "mitos" que él identifica y analiza son: (1) "es más fácil trabajar en las zonas rurales, ¿para qué perder el tiempo en la ciudad?"; (2) la despersonalización, "en la ciudad soy un número, no existo como persona"; (3) la inseguridad; (4) la secularización constante; (5) el individualismo; y (6) la mayoría de las personas son pobres. En *A Clarified Vision for Urban Mission. Dispelling the Urban Stereotypes*. (Grand Rapids: Zondervan Publishing House, 1987).

estructuras sociales que la ciudad misma desarrolla y que por su propia dinámica, está constantemente en cambio y adaptación.

Redes de contacto

Las redes de contacto son una manera de organización social. Generalmente no son formales, sino que se desarrollan espontáneamente por medio del contacto constante que naturalmente se da entre personas que comparten algo en común. A través de estas redes se maneja y difunde rápidamente todo tipo de información, desde la más trivial (donde conseguir los mejores precios) hasta la más importante (una recomendación para un nuevo o mejor trabajo).

En las ciudades, donde los vínculos familiares son más difusos (ya sea que el núcleo familiar cercano está en otra localidad o que no haya mucho trato con la familia extendida), el habitante urbano desarrolla redes conformadas por personas con quienes desea asociarse. Puede hacerlo con personas de ocupación similar, intereses personales, clase o etnicidad afines. La geografía también juega un rol importante en la conformación de redes, ya que las distancias en las ciudades impiden muchas veces un contacto personal más fluido, así como las visitas regulares.

Ray Bakke identifica cuatro redes fundamentales a las que denomina redes de "relaciones primarias"[3]. Ellas son: red biológica (núcleo familiar y familia extendida); red geográfica (personas que conocemos por cercanía en la que vivimos), red vocacional (las personas con las que trabajamos); red recreacional (personas con las que se hace algún deporte o se comparten vacaciones, paseos, etc.).

Las redes le devuelven algo de calor humano y contacto personal a la vida del sujeto urbano, permitiéndole formar relaciones personales con individuos similares. De la misma forma estas redes proveen apoyo real,

---

3 El autor distingue entre dos tipos de relaciones que pueden desarrollar las personas. Las relaciones *primarias* son las que se establecen a través de las redes de contacto (biológicas, geográficas, vocacionales, recreacionales). También destaca que en las zonas rurales las relaciones primarias se reducen principalmente a las dos primeras (biológicas, geográficas), ya que ambas son suficientes para definir una identidad particular en la persona. Las relaciones *secundarias* se producen por el contacto casual o circunstancial, permitiéndonos saber quién es la persona con la que tratamos, pero sin conocerla verdaderamente. Este contacto casual con "extraños conocidos" se da en los negocios, en la calle o el transporte público. A diferencia de las zonas rurales, la mayor parte de las relaciones personales son secundarias, lo cual se demuestra al identificarnos y presentarnos por nuestras ocupaciones. Por eso el tema de la desocupación es crucial en la vida del habitante urbano (en particular del hombre), ya que no se reduce simplemente a la falta de seguridad económica. Ser "desocupado" en la ciudad equivale a "ser nadie", la identidad del individuo es seriamente afectada, produciendo las lógicas crisis, baja autoestima, y problemas que tal situación genera. Ray Bakke. *The Urban Christian. Effective Ministry in Today's Urban World.* (Downers Grove, USA: InterVarsity Press, 1987), 14, 42.

práctico e inmediato en medio de necesidades existentes o que puedan surgir en medio de un contexto despersonalizado y poco solidario con el necesitado.

No es difícil valorar este componente en la vida del cristiano urbano para desarrollar una tarea evangelística. Sin mucha organización y estructura será posible transmitir el mensaje del evangelio a un número significativo de personas. Además, el testimonio evangelístico más eficiente se desarrolla a través de las redes de relaciones primarias de los cristianos (ver Lc 5:8-11; Jn 1:29-51; 4:28-30, 39-42).

Por lo tanto, es necesario estimular a los creyentes a mantener y formar relaciones significativas con personas no cristianas, así como también organizar y participar de actividades que permitan un contacto fluido con ellos. Igualmente será de gran valor ayudar a cada persona a identificar sus redes de contacto para que pueda tener en claro la dinámica de su funcionamiento y las oportunidades que ellas abren para dar un testimonio de la salvación que disfrutan. Dentro de este esquema de redes, es posible desarrollar estrategias que apunten a la preparación de personas para estar dispuestos y asimismo dar un testimonio claro y simple de su fe, que sea apropiado a su personalidad, ocasión, y audiencia.[4] Para complementar y multiplicar los efectos de la iniciativa mencionada, se pueden implementar los equipos de evangelismo, en donde varias personas comprometidas en esta tarea cumplirán la función de nexo entre sus múltiples redes. De esta manera, uno de ellos le dará entrada a su grupo de relaciones primarias a otro miembro del equipo en alguna ocasión que le permita ofrecer alguna ayuda concreta (enfermedad, conflictos familiares, pérdida de trabajo, etc.), de modo que a través de esa acción pueda desarrollar confianza, ganarse un espacio a su lado y fortalecer la posibilidad de brindar un testimonio acerca de Cristo.

Roles y relaciones personales

Entendiendo el rol o los roles de una persona como el desempeño de sus varias funciones dentro de la estructura social, podemos ver que en la ciudad ellos se

---

4 Uno de los prejuicios que surgen en cuanto al evangelismo y el testimonio personal de la fe indica que es necesario ser extrovertido, carismático, y "entrador" con las personas, de otra forma será imposible llegar a ellos. Sin embargo, no nos damos cuenta de que todos estamos insertos en redes, roles, y relaciones muy particulares a las que solo nosotros podemos acceder y por eso formamos parte de ellas. Pensando en esto y poniéndolo en otras palabras, puedo decir: "solo yo puedo llegar a alguien como yo, y por lo tanto compartir mi fe con tal persona." Para que ese cambio de mente y actitud tenga un impacto visible en la iglesia, es fundamental lograr la movilización total de sus integrantes. Ver al respecto Rick Richardson. *Evangelism Outside the Box. New Ways to Help People Experience the Good News.* (Downers Grove, USA: InterVarsity Press, 2000), 27.

definen como simples, unidimensionales y superficiales.[5] Veamos un ejemplo. El señor García trabaja en una compañía de seguros, allí discute con sus colegas los resultados de su trabajo, frustraciones, nuevos planes de seguro, premios, etc. Por la noche se reúne con sus vecinos en la vereda y hablan del partido de fútbol, autos, arreglos de la casa, etc. El domingo a la mañana "va a la iglesia" en donde se encuentra con otros cristianos a quienes solo ve en el templo una vez a la semana para la reunión de adoración.

Se distinguen claramente los roles del señor García definidos también por el ambiente en el que se encuentra (trabajo, barrio, iglesia), pero todos ellos son unidimensionales, ninguno se superpone ni permite un conocimiento personalizado e íntimo del individuo. En otras palabras, los roles en la ciudad generan relaciones simples, orientadas hacia la tarea y el desempeño eficiente de la función que a cada uno le corresponde realizar en tal lugar y momento. Por eso no resulta difícil observar que las personas en una ciudad "no paran", porque en realidad la ciudad no para, la división entre día y noche ya no existe -todo tiene que estar iluminado- muchos comercios funcionan las 24 horas, y las fábricas trabajan en tres turnos. Estos ejemplos nos hablan de eficiencia, producción, y resultados, dejando de lado a la persona como tal, para transformarla en un productor de bienes y servicios; parafraseando a Jacques Ellul, la ciudad busca reemplazar al ser humano por la obra humana.

El efecto de un estilo de vida con estas características puede ser muy nocivo para la interioridad e identidad de la persona. Dentro de este esquema, el señor García no existe como tal, sino que simplemente es el vendedor de seguros, el vecino o el miembro de la congregación. Las personas son definidas por lo que hacen, no por quienes son. Frente a esta descripción, resulta difícil decir que haya una intencionalidad perversa en este hecho, sino que realmente el ritmo acelerado de vida que la ciudad impone no permite conocer al individuo más allá del "traje social" que viste en distintos ámbitos.

No hay dudas que un habitante de la ciudad conoce a muchas personas, al punto de llegar a cansarse de la gente y buscar momentos de total soledad.[6] Pero este contacto no significa que existan relaciones significativas con ellos.

---

5 Paul Hiebert y Eloise Hiebert Meneses. *Incarnational Ministry. Planting Churches in Band, Tribal, Peasant and Urban Societies.* (Grand Rapids, USA: Baker Books House, 1995), p. 275.

6 Esta conducta ha sido denominada "sobrecarga sicológica," la cual se caracteriza por anular todo tipo de manifestación externa de los sentimientos, así como de interés y contacto con otros. Es una manera de protegerse frente al bombardeo constante de una variedad amplia de estímulos, que en su mayoría no son los más agradables. Esta forma de protección se manifiesta en la mirada perdida de las personas que viajan en el transporte público, o en la cabeza baja y paso acelerado de quien camina por las transitadas calles del centro de una ciudad. En Ray Bakke. *The Urban Christian. Effective Ministry in Today´s Urban World.* (Downers Grove, USA: InterVarsity Press, 1987), 146.

Por el contrario, es muy probable que la mayoría sean relaciones superficiales y funcionales, motivadas por el rol, generando en el individuo el sentimiento que los otros no lo consideran como una persona real.

Para el trabajo de la congregación urbana, esta realidad presenta un gran desafío. En primer lugar, no puede ni debe asumir que todos sus integrantes se consideran parte de la comunidad o comparten el mismo espíritu comunitario. Es necesario trabajar para desarrollar un sentido de comunidad y cercanía que va más allá del rol de "miembro de la congregación", que cumple la función de mantener las estadísticas numéricas y colabora en el sostén económico de los programas congregacionales.

En segundo lugar, buscará estimular y desarrollar un sentido de existencia comunitaria que la impulse a vivir la unidad en Cristo en función del campo de trabajo, es decir la sociedad que la rodea. Es posible que nuestra labor en la sociedad se vea anulada o limitada por el simple hecho de no tener en claro que los receptores del mensaje de salvación son, primordialmente, los que nunca lo han escuchado. La efectividad del ministerio de reconciliación (2 Co 5:18) se definirá por la movilización del conjunto de creyentes en una acción continua, dentro de sus redes de contacto y ejerciendo los roles que le son propios, dando un testimonio activo de la vida en Cristo.

Conclusión: Vida comunitaria

La ciudad llega a ser un lugar de alienación, anonimato, y soledad. Las personas conocen a muchos, pero al mismo tiempo sienten que cada vez se hace más difícil ser parte de una comunidad real, en donde se valore e identifique al individuo como tal.

La iglesia puede darles a las personas un sentido de comunidad y pertenencia. En realidad, no se trata de algo extraordinario por lo que haya que hacer un esfuerzo particular, sino que por definición la iglesia es una comunidad que integra a todos en un conjunto armónico (cuerpo) guiado por su Señor Jesucristo. Allí mismo está su mayor capital para ofrecer. La iglesia es una verdadera comunidad, por lo tanto, es mucho más que la suma de sus miembros. Se trata entonces de clarificar este concepto en las mentes de quienes conforman el grupo, buscando maneras concretas de experimentar la vida comunitaria a la que todos son llamados.

La iglesia debe pelear en contra de las tendencias generales que pueden llevarla a transformarse en un club religioso –movilizado en función de los propios intereses– y caracterizado por la homogeneidad de etnicidad y/o clase social. También, devenir en una corporación o asociación voluntaria –en donde sus participantes son la audiencia que consume y es entretenida por quienes desempeñan roles específicos–. Este tipo de grupos se enfoca en buscar "formas de ser atractiva" al público en general proveyendo por lo tanto el entretenimiento que ellos desean.[7]

Frente a tales extremos que nublan la visión y desorientan en la búsqueda del reino de Dios (Mt 6:33), debemos recordar que la iglesia como comunidad no se basa en contratos o negociados tácitos entre sus partes para sostener la convivencia. Por el contrario, la iglesia es fruto de la nueva humanidad (Ef 2:13-22) nacida por el sacrificio de Cristo y por eso se basa en una relación personal con él primeramente, y en consecuencia lleva a todos los que le pertenecen a unirse, sin opción, como sus seguidores y discípulos (1 Jn 3-7).

Bibliografía consultada para este apéndice

Bakke, Ray. (1987). *The Urban Christian. Effective Ministry in Today's Urban World.* Downers Grove, USA: InterVarsity Press.

Conn, Harvie. (1987). *A Clarified Vision for Urban Mission. Dispelling the Urban Stereotypes.* Grand Rapids, USA: Zondervan Publishing House.

Ellul, Jacques. (1970). *The Meaning of the City.* Grand Rapids, USA: Eerdmans Publishing Company.

Hiebert, Paul and Eloise Hiebert Meneses. (1995). *Incarnational Ministry. Planting Churches in Band, Tribal, Peasant and Urban Societies.* Grand Rapids, USA: Baker Books House.

MacArthur, John. (2001). *Avergonzados del Evangelio. Cuando la Iglesia se Vuelve Semejante al Mundo.* Grand Rapids, USA: Editorial Portavoz.

Richardson, Rick. (2000). *Evangelism Outside the Box. New Ways to Help People Experience the Good News.* Downers Grove, USA: InterVarsity Press.

---

7 John MacArthur. *Avergonzados del Evangelio. Cuando la Iglesia se Vuelve Semejante al Mundo.* (Grand Rapids: Editorial Portavoz, 2001), 90.

APÉNDICE III
La congregación local en la misión de Dios

Este es un material de estudio y autoevaluación para trabajar en congregaciones ya formadas que busquen reenfocarse en el trabajo misional, ampliar sus proyectos de evangelización o incluso profundizar la identidad misionera de las mismas.

Consideren los siguientes pasajes bíblicos y sus consecuencias para la misión en la congregación local:

1. 1 Tesalonicenses 1:4-10
Pensamiento central:

____

____

Efesios 3:10
Pensamiento central:

____

____

Romanos 12:1-20
Pensamiento central:

____

____

¿Qué es “misión”? ¿Cómo definimos el término y qué implica en la vida de la iglesia?

____

____

2.a. ¿Estamos convencidos de la misión? ¿Nos vemos como parte de ella?

____

2.b. ¿Cómo se lleva adelante?

____

____

3.a. La congregación local es la plataforma desde la cual la misión de Dios se lleva adelante ("por medio de la iglesia").

3.b. ¿Cómo se involucra cada cristiano en particular en la misión asumida por la iglesia?

---

4. ¿Cómo afecta el adjetivo "misional" a la vida y actividad de la congregación?

¿En el culto?

¿En las reuniones o actividades comunitarias?

¿En los diferentes grupos de trabajo?

¿En las familias?

¿En el barrio?

---

5. Observemos el siguiente pensamiento de Lutero:
"Por lo tanto, Cristo ha ordenado que cuando nos juntamos como grupo, cada uno ha de tomar del pan y de la copa, y luego predicar acerca de él. ¿Por qué? Por cuanto que el sacramento no ha de ser dado a cualquiera, sino a cristianos que ya han oído la predicación de Cristo. El sermón o la proclamación es para todos en común, aun para aquellos que aún no son cristianos. Pero los cristianos son los únicos que han de disfrutar el sacramento. De la misma forma, ellos también deben recordar a Cristo al predicar para que puedan crecer en número."[8]

¿Qué relación establece Lutero entre los medios de gracia y la misión?

____

____

6. La iglesia en medio de la comunidad:

a. ¿Cómo se presenta en su entorno? ¿Cómo es considerada por el resto? ¿Dónde estamos en relación al barrio/comunidad?

____

____

b. Si nuestra mirada es como la de Jesús cuando ve a las multitudes "como ovejas sin pastor" (Mt 9:35-36), ¿Hacia dónde dirigimos nuestra mirada? ¿Cuál es la realidad que nos rodea?

8 Martín Lutero. En *¿Cómo puede Cristo estar presente?* Libros CLEF, trad. José Pfaffenzeller. Minneapolis: Lutheran Press. 2015.

7.a. ¿Qué significa evangelizar?

____

____

7.b. ¿Cómo entramos en contacto con la gente a quienes deseamos compartir el evangelio?

____

____

7.c. ¿Cómo los identificamos?

____

____

7.d. ¿Qué es lo que más nos cuesta? (posibilidades-obstáculos)
Visitación casa por casa ______________________

____

Compartir/ofrecer espacios congregacionales ______________

____

Inserción en instituciones de servicio social. Ej. Hogar de día; ________

____

Otros:

____

8. ¿Qué es lo que está a nuestro alcance y podemos hacer? ¿Qué es lo que podríamos hacer? ¿Qué es lo que vemos como imposible de lograr?

____

____

APÉNDICE IV
Ideas y estrategias evangelísticas para evangelizar y hacer seguimiento[9]

El orden de las siguientes ideas no significa orden de importancia, más bien, es una "lluvia de ideas". Se espera que estas pocas ideas puedan multiplicar otras opciones mejores.

Darse a conocer

1. Visitas a organismos públicos: Buscar contactos con escuelas y otros organismos que presten servicios a la comunidad con el objetivo de conocerlos, informarse sobre la comunidad local, y ofrecer atención espiritual donde sea viable.

2. Visita a personajes públicos: Jefe de la policía, jueces, médicos, alcalde, escuelas.

3. Grupos de apoyo: Alcohólicos Anónimos (y los diversos grupos relacionados); grupos de apoyo para divorciados, viudos/viudas, etc.

4. Hacer encuestas a fin de determinar alguna necesidad particular en una comunidad o zona de la ciudad. La encuesta puede usarse como método para iniciar la evangelización.

5. Repartir con regularidad invitaciones de casa en casa: Se puede planificar algún evento –conferencias, escuela dominical, escuela bíblica de vacaciones, charlas, etc.– en la iglesia o lugar público en una comunidad o zona de la ciudad donde se quiera realizar un plan evangelístico.

6. Clases de inglés o clases de lectura: Podría darse como una manera de llegar a los niños, lo que a su vez permite conocer a sus padres.

7. Contactos de CPTLN (Cristo Para Todas Las Naciones): Llevar el material solicitado a las casas de las personas que han contactado a CPTLN.

---

9 Material presentado por el profesor Marcos Kempff en los encuentros de la Escuela de Misioneros del Seminario Concordia, Bs. As., para la materia "Desarrollo de Proyectos Misionales en el Contexto Local", junio de 2007.

8. Otras posibilidades:

Eventos que se pueden realizar en locales ajenos a la iglesia

9. Nuevos vecinos: Estar atentos a los nuevos habitantes para iniciar nuevas amistades y relaciones.

10. Organizar charlas o conferencias relacionadas con temas de interés para el público en general: Ofrecer temas sobre la pareja, la familia, la salud, etc.

11. Jornadas deportivas: En una cancha pública realizar algún evento especial con un deportista conocido que sea cristiano, etc.

12. Campeonatos deportivos: Eventos organizados por la iglesia para reunir jóvenes, tener competencias, realizar un campeonato en la comunidad.

13. Otras posibilidades:

Eventos realizados en el local de la iglesia

14. Ser una congregación cristocéntrica: En palabra y hecho, comunicar a Cristo, su amor, su paz, y la esperanza que se encuentra en él.

15. Ser una congregación abierta para todos, pública, inclusiva: La iglesia exclusiva no existe. Cristo ha formado su cuerpo para incluir; ella está al servicio del Reino para todos. Necesita estar en las calles, con las puertas abiertas, atendiendo constantemente, dando auxilio espiritual las veinticuatro horas. "Esta Iglesia se vuelve 'carne de carne del pueblo y hueso de los huesos del pueblo'" (Linthicum, 17).

16. Domingo de la amistad: Un domingo al mes con un culto especial diseñado para las amistades de los miembros, visitas y personas de la comunidad. Cada culto puede tener un énfasis especial (familia, padres e hijos, amistades, resolución de conflicto, dar a conocer la iglesia y sus creencias, etc.).

17. Programa de entrenamiento evangelístico para la familia: Es necesario entrenar a los miembros de la iglesia en el testimonio, tanto en el hogar como en la comunidad social en general.

18. Fiestas especiales relacionadas con la familia: Nacimientos, bautismos, cumpleaños, bodas, y otros acontecimientos son motivos especiales para celebrar y fortalecer la comunión en la familia e iglesia.

19. Grupos especiales: Estos pueden ser para niños, jóvenes, mujeres, hombres, matrimonios, orientados al testimonio de fe, así como para promover actividades sociales. Es bueno revisar cuál es la razón de su existencia, si está o no en sintonía con los objetivos de la congregación.

20. Escuela dominical y escuela bíblica de vacaciones: Hogares que alguna vez cerraron las puertas a la visita evangelística abrieron sus hogares a la iglesia que involucra a sus hijos.

21. Las áreas de la iglesia con programaciones específicas para las familias: Las cinco áreas tradicionales de acción de la iglesia (adoración, enseñanza, comunión, testimonio, y servicio), aunados sus objetivos específicos con los de la iglesia como un todo, son un canal de unión eficiente entre familias de la iglesia y de la comunidad circunvecina.

22. Cultos con temas que involucren a la familia: Un domingo del año para la bendición de la familia; cultos especiales –fechas como Día de las Madres, el Padre, etc.–.

23. Estudios bíblicos en la congregación: Temas sobre la comunión, la iglesia como familia de Dios; la educación cristiana en el hogar; el testimonio en la familia a través de los lazos de parentesco y amistad; la fe activa en el amor, servicio, práctica de la hospitalidad.

24. Refugio para estudiar: Un lugar seguro para que los estudiantes puedan reunirse y estudiar juntos o a solas, especialmente en temporada de exámenes.

25. Clases especializadas: Cocina, música, corte y costura, manualidades, etc.

26. Tareas dirigidas: Jornadas especiales antes de períodos escolares y cuando hay exámenes.

27. Clases de idiomas: Ofrecer de manera gratuita o por precios muy económicos clases de inglés u otros idiomas.

28. Otras posibilidades:

____

____

Eventos en el hogar

29. Devocionales en el hogar: Cada familia sería entrenada en la Palabra y asesorada para desarrollar el culto en el hogar regularmente.

30. Estudios bíblicos en familia: Invitar a amigos y vecinos para participar en estudios actuales para la familia.

31. Formación de células: Crear células de estudio y oración en diferentes hogares de miembros o de personas interesadas.

32. Padrinos: El concepto está arraigado en nuestra cultura. Pero ¿qué acerca de padrinos para nuevos cristianos u otros actos especiales en la iglesia? El "padrino" o la "madrina" tiene una excusa para visitar a la persona y sus amigos.

33. Otras posibilidades:

____

____

Eventos en lugares públicos

34. Ofrecer conferencias en las escuelas: Cómo estudiar mejor, cultivando las amistades, resolución de conflicto, relaciones padres e hijos, noviazgo, sexualidad, etc.

35. Visitar emisoras de radio y televisión: Estar disponible para entrevistas y comentarios.

36. Otras posibilidades:

Aprovechar los "puentes" naturales de los miembros / conocidos de la congregación

37. Visitas a casas: A través de lazos de amistad y parentesco establecer contactos personales; pudiera darse un estudio bíblico o un devocional sencillo.

38. Situaciones de sufrimiento y tristeza: Son momentos para "llorar con los que lloran". Lo fundamental es crear situaciones de "acompañamiento" donde las personas afectadas tengan un espacio para hablar, llorar, y sentirse –saberlo por la experiencia– que son aceptadas.

39. Momentos de solidaridad: Cuando ocurren tragedias o diferentes crisis en la comunidad o la ciudad, la iglesia puede responder si se ha organizado para tal fin.

40. Relación de parentesco y redes de trato social: La sociedad urbana en general vive asustada con robos y asaltos, y pone muchas excusas para participar en una programación en la iglesia, como asimismo recibir visitas y dialogar con extraños sobre la fe. En estos casos un pariente cristiano, un amigo, un compañero de trabajo o de actividades sociales podría ser un puente en todos los sentidos: tanto en las devociones familiares, en los estudios bíblicos en familia, como incentivo y ayuda en la participación conjunta en programas educacionales para la familia y cultos en la iglesia.

41. Otras posibilidades:

Eventos en pro de la familia

42. Escuela para novios (prematrimonial): Un programa breve con una amplia temática sobre cómo prepararse para el matrimonio, y no sólo sobre la boda.

43. Escuela para parejas (después de casados): Un programa variado con reuniones periódicas para fortalecer la relación de pareja con actividades y estudios bíblicos.

44. Escuela para padres: Desarrollar temas de interés para hombres y mujeres que quieren aprender el arte de ser padres.

45. Escuela para hijos/hijas: Desarrollar temas de interés para niños y jóvenes, especialmente los pre-adolescentes sobre el significado de honrar y obedecer a los padres.

46. Escuela para la familia: Un programa de estudio adaptado al grupo familiar que trata temas para fortalecer los vínculos en el hogar. No excluye madres solteras y sus hijos.

47. Atención a los ciclos de la vida familiar: Permite actuar conjuntamente en el aspecto de compañía, apoyo y orientación: La iglesia tiene la oportunidad de ofrecer apoyo, auxilio, y orientación a la familia en el paso de cada ciclo.

48. Noches románticas y retiros para parejas: Eventos sencillos que permiten apoyar a la pareja con herramientas para mejorar su relación, comunicación, y entendimiento.

49. Acontecimientos: Cada etapa de cambio es festejada en gratitud y alabanza a Dios, y se erige en testimonio para toda la iglesia y la comunidad. Algunos períodos: graduaciones, noviazgo, ceremonias, nuevo empleo, etc. Es preciso mantener registros actualizados de los miembros.

50. Otras posibilidades:

____

____

Bibliografía

ALLEN, Roland (1962). *Missionary Methods. St. Paul´s or Ours?* Reimpresión 2001. Grand Rapids: Eerdmans.

– (1970). *La Expansión Espontánea de la Iglesia*. Buenos Aires: Editorial La Aurora.

ARNDT, William and F. Wilbur Gingrich. (1957). *A Greek-English Lexicon of the New Testament and Other Early Christian Literature*. Chicago: The University of Chicago Press.

BAUMAN, Zygmunt. (2005). *Amor Líquido. Acerca de la Fragilidad de los Vínculos Humanos*. México: Editorial Fondo de Cultura Económica.

BLANK, Rodolfo (1996). *Teología y Misión en América Latina*. Saint Louis: Concordia Publishing House.

– (2006). *Hermenéutica. Principios de Interpretación Bíblica*. Saint Louis: Editorial Concordia.

– (2010). *Primera Carta a los Corintios*. Saint Louis: Editorial Concordia.

BLAUW, Johannes. (1966). *A Natureza Missionária da Igreja*. São Paulo: ASTE.

BLIESE, Richard. "The Mission Matrix: Mapping Out the Complexities of a Missional Ecclesiology." En *Word & World*. Vol. 26. Number 3. Summer 2006. Saint Paul: Luther Seminary.

BRIESE, Russell. (1994). *Foundations of a Lutheran Theology of Evangelism*. Frankfurt am Main: Peter Lang.

BOLT, Peter & Mark Thompson. (2000). *The Gospel to the Nations. Perspectives on Paul´s Mission*. Downers Grove: InterVarsity Press.

BOSCH, David. (1991). *Transforming Mission: Paradigm Shifts in Theology of Mission*. Maryknoll: Orbis Books.

– (2000). *Misión En Transformación: Cambios De Paradigma En La Teología De La Misión*. Grand Rapids: Libros Desafío.

BROWN, Colin y Lothar Coenen. (2000). *Dicionário Internacional de Teologia do Novo Testamento*. Volumen I y II. São Paulo: Vida Nova.

BROWNSON, James. (1998). *Speaking the Truth in Love. New Testament Resources for a Missional Hermeneutic*. Harrisburg: Trinity Press International.

BRUCE, F.F. (1954). *The Book of the Acts*. Grand Rapids: Eerdmans.

– (1995). *The Spreading Flame*. Grand Rapids: Eerdmans.

CARDOZA Orlandi, Carlos. (2003). *Una Introducción a la Misión*. Nashville: Abingdon Press.

CHEMNITZ, Martin. (2007). *Ministry, Word, and Sacraments. An Enchiridion. The Lord´s Supper. The Lord´s Prayer. Chemnitz´s Works*. Volume 5. Saint Louis: Concordia Publishing House.

DAINES, Brian. "Paul´s Use of the Analogy of the Body of Christ." *The Evangelical Quarterly*. 50.2. (April-June 1978), 71-78.

DIANICH, Severino (1988). *Iglesia en Misión*. Salamanca: Ediciones Sígueme.

DRIVER, Juan. (1998). *Imágenes de una Iglesia en Misión*. Guatemala: Ediciones SEMILLA.

DUBOSE, Francis. (1983). *God Who Sends. A Fresh Quest for Biblical Mission*. Nashville: Broadman Press.

EICHHOLZ, Georg. (1977). *El Evangelio de Pablo. Esbozos de una Teología Paulina*. Salamanca: Ediciones Sígueme.

ELERT, Werner. (1957). *The Christian Ethos*. Philadelphia: Fortress Press.

– (1962). *The Structure of Lutheranism.* Saint Louis: Concordia Publishing House.

ENGELVIKSEN, Tormod. "*Missio Dei*: The Understanding and Misunderstanding of a Theological Concept in European Churches and Missiology." En *International Review of Mission.* Volume XCII. Number 367. October 2003, pp 481-497.

ESCOBAR, Samuel. (1998). D*e la Misión a la Teología.* Buenos Aires: Ediciones Kairós.

FEE, Gordon. (2004). *Comentario de la Epístola a los Filipenses.* Viladecavalls, España: Editorial CLIE.

FERRIS, Robert. (1990). *Renewal in Theological Education. Strategies for Change.* Wheaton: Billy Graham Center.

FRANZMANN, Martin. (1961). *Follow Me: Discipleship According to Saint Matthew.* Saint Louis: Concordia Publishing House.

– (1968). *Romans. A Commentary.* Saint Louis: Concordia Publishing House.

– (1969). *Seven Theses on Reformation Hermeneutics.* Saint Louis: Documento de CTCR, LCMS.

FRENCH, Henry. "The Lord´s Prayer: A Primer on Mission in the Way of Jesus." *Word and World.* Volume 22. Number 1. Winter 2002. Saint Paul: Luther Seminary.

GONZÁLEZ-CARVAJAL, Luis. (1993). *Ideas y Creencias del Hombre Actual.* Santander: Editorial Sal Terrae.

HARRISON, Mathew (2013). *Cristo, Ten Piedad. Cómo Poner Nuestra Fe en Acción.* Saint Louis: Editorial Concordia.

HENDRIKSEN, Guillermo. (1994). *Romanos.* Grand Rapids: Libros Desafío.

HIEBERT, Paul (1985). *Anthropological Insights for Missionaries.* Grand Rapids: Baker Books House.

– (1995). *Cultural Anthropology*. Second edition. Grand Rapids: Baker Books House.

HUNSBERGER, George and Craig Van Gelder, eds. (1996). *The Church Between Gospel and Culture*. Grand Rapids: Eerdmans.

HULTGREN, Arland. "The Church as the Body of Christ: Engaging an Image in the New Testament." *Word and World*. Volume 22. Number 2. Spring 2002. Saint Paul: Luther Seminary.

JENKINS, Phillip. (2006). *The New Faces of Christianity*. New York: Oxford University Press.

JONGENEEL, Jan. (1995). *Philosophy, Science and Theology of Mission in the 19th and 20th Centuries*. Part I. Frankfurt am Main: Peter Lang.

KÄRKKÄINEN, Veli-Matti. (2002). *An Introduction to Ecclesiology. Ecumenical, Historical & Global Perspectives*. Downers Grove: IVP Academic.

KIRK, Andrew. (2000). *What is Mission? Theological Explorations*. Philadelphia: Fortress Press.

KISTEMAKER, Simon. (1996). *Hechos*. Grand Rapids: Libros Desafío.

KOLB, Robert. (1995). *Speaking the Gospel Today*. Revised edition. Saint Louis: Concordia Publishing House.

KOLB, Robert y TIMOTHY Wengert, eds. (2000). *The Book of Concord. The Confessions of the Evangelical Lutheran Church*. Philadelphia: Fortress Press.

KÖSTENBERGER, Andreas and Peter O'Brien. (2001). *Salvation to the Ends of the Earth*. Downers Grove: InterVarsity Press.

KRAUS, C. Norman. (1998). *An Intrusive Gospel. Christian Mission in the Postmodern World*. Downers Grove: InterVarsity Press.

LARKIN, William and Joel Williams, eds. (1998). *Mission in the New Testament. An Evangelical Approach*. Maryknoll: Orbis Books.

LINCOLN, Andrew. (1990). *Ephesians*. Word Biblical Commentary. Volume 42. Dallas: Word Books.

LOUW, J. P. (1982). *Semantics of New Testament Greek*. Atlanta: Scholars Press.

LULL, Timothy. (1999). "The Mission of the Local Congregation". En *Mission at the Dawn of the 21st Century*. Minneapolis: Kirk House Publishers.

LUTERO, Martín (1967-1985). *Obras de Martín Lutero*. Vol. 1 a 10. Buenos Aires: Editorial La Aurora.

– (2015) *¿Cómo puede Cristo estar presente?* Libros CLEF, trad. José Pfaffenzeller. Minneapolis: Lutheran Press. 2015.

Lutheran World Federation (1984). *Lutheran Contributions to the Missio Dei*. Ginebra, Suiza: Departamento de Cooperación Eclesiástica de LWF.

MARQUART, Kurt. (1990). *The Church and Her Fellowship, Ministry and Governance*. Confessional Lutheran Dogmatics. Vol. IX. Robert Preus, ed. Saint Louis: The Luther Academy.

MARQUARDT, Roni. (2005). *La Contextualização na Ação Missionária da Igreja Cristã*. Porto Alegre: Editora Concórdia.

MAYER, Herbert, ed. (1966). *Aspects of Biblical Hermeneutics: Confessional Principles and Practical Implications*. Concordia Theological Monthly. Occasional Papers No 1. Concordia Publishing House.

MEEKS, Wayne. (1983). *The First Urban Christians. The Social World of the Apostle Paul*. New Haven: Yale University Press.

MELANCHTON, Felipe. (2011). *Loci Communes*. Trad. René Krüger y Daniel Beros. Buenos Aires: Inst Universitario ISEDET.

MELÉNDEZ, Andrés, ed. (1989). *Libro de Concordia. Las Confesiones de la Iglesia Evangélica Luterana*. Saint Louis: Editorial Concordia.

MICHAELIS, Wilhelm. (1977). "μιμεομαι." Vol IV. En *Theological Dictionary of the New Testament*. Gerhard Kittel y Gerhard Friedrich, eds. 10th edition. Grand Rapids: Eerdmans.

MOREAU, Scott, ed. Gen. (2000). *Evangelical Dictionary of World Mission*. Grand Rapids: Baker Books.

MORRIS, Leon. (1959). *The First and Second Epistle to the Thessalonians*. Grand Rapids: Eerdmans.

– (1970). "The Theme of Romans." W. Ward Gasque & Ralph P. Martin, eds., *Apostolic History and the Gospel. Biblical and Historical Essays Presented to F.F. Bruce*. Exeter: The Paternoster Press, 249-263.

MUELLER, Juan. (1948). *Doctrina Cristiana*. San Luis: Editorial Concordia.

NAFZGER, Samuel. (1977). *Formula for Concord. Essays*. Saint Louis: CTCR.

NAIDOO, Marilyn. "Ministerial Training: The Need for Pedagogies of Formation and of Contextualisation in Theological Education." En *Missionalia* 38:3 (Nov. 2010), 347–368.

NESTINGEN, James. "The Lord´s Prayer in Luther´s Catechism." *Word & World*. Volume 22. Number 1. Winter 2002. Saint Paul: Luther Seminary.

NEWBIGIN, Lesslie. (1986). *Foolishness to the Greeks. The Gospel and Western Culture*. Grand Rapids: Eerdmans.

– (1994). *Una Verdad que Hay que Decir. El Evangelio Como Verdad Pública*. Maliaño: Editorial Sal Terrae.

– (1995). *The Open Secret. An Introduction to the Theology of Mission*. Revised edition. Grand Rapids: Eerdmans.

NYGREN, Anders. (1952). *This is the Church*. Philadelphia: Muhlenberg Press.

– (1975). *Commentary on Romans*. Philadelphia: Fortress Press.

OBERG, Ingemar. (2007). *Luther and World Mission. A Historical and Systematic Study with Special Reference to Luther's Bible Exposition*. Saint Louis: Concordia Publishing House.

O'BRIEN, Peter. (2000). *Gospel and Mission in the Writings of Paul. An Exegetical and Theological Analysis*. Grand Rapids: Baker Books House.

PADILLA, RENÉ, ed. (1986). *Nuevas Alternativas de Educación Teológica*. Buenos Aires: Nueva Creación.

– ed. (1998). *Bases Bíblicas de la Misión*. Buenos Aires: Nueva Creación.

– (2012). *Misión Integral. Ensayos sobre el Reino de Dios y la Iglesia*. Buenos Aires: Ediciones Kairós.

PETERS, Albrecht. (2011). *Commentary on Luther's Catechism. Lord's Prayers*. Volume 5. Saint Louis: Concordia Publishing House.

PHILLIPS, James & Robert Coote, eds. (1993). *Toward the 21st Century in Christian Mission*. Grand Rapids: Eerdmans.

PIEPER, Francis. (1950). *Christian Dogmatics*. Volume I. Saint Louis: Concordia Publishing House. Plummer, Robert. "Imitation of Paul and the Church's Missionary Role in 1 Corinthians." *Journal of the Evangelical Theological Society* 44/2 (June 2001), 219-35.

PREUS, Jacob A. O. (2000). *Just Words. Understanding the Fullness of the Gospel*. Saint Louis: Concordia Publishing House.

PREUS, Robert. "The Confessions and the Mission of the Church." *The Springfielder* 39 (June 1975), 20-39.

REU, J. Michael. (1947). *An Explanation of Dr. Martin Luther's Small Catechism*. Minneapolis: Augsburg Publishing House.

RICHARDSON, Alan. (1958). *An Introduction to the Theology of the New Testament*. New York: Harper & Row Publishers.

RIDDERBOS, Hermann. (1987). *El Pensamiento del Apóstol Pablo*. Vol. II. Buenos Aires: Ediciones la Aurora.

ROJAS, Enrique. (1992). *El Hombre Light. Una Vida sin Valores.* Madrid: Ediciones Temas de Hoy.

RUTT, Douglas. “Luther's *Platzregen* in Action.” En *Concordia Journal.* Volume 40. Number 3. Summer 2014. Saint Louis: Concordia Seminary.

SANNEH, Lamin. *Translating the Message.* Maryknoll: Orbis Books.

SÁNCHEZ, Leopoldo. (2005). *Pneumatología. El Espíritu Santo y la espiritualidad de la iglesia.* Saint Louis: Editorial Concordia.

SASSE, Hermann. (1999). *We Confess. Anthology.* Saint Louis: Concordia Publishing House.

SCHATTAUER, Thomas, gen. ed. (1999). *Inside Out: Worship in an Age of Mission.* Minneapolis: Fortress Press.

SCHERER, James (1964). *Missionary Go Home. A Reappraisal of the Christian World Mission.* Englewood Cliff: Prentice-Hall.

– (1987). *Gospel, Church and Kingdom.* Minneapolis: Augsburg Publishing House.

– (1999). “Key Issues to Be Considered in Global Mission Today: Crucial Questions about Mission Theology, Context, and Expectations.” En *Mission at the Dawn of the 21st Century.* Paul Varo Martinson, ed. Minneapolis: Kirk House Publishers.

SCHLINK, Edmund. (1961). *Theology of the Lutherans Confessions.* Saint Louis: Concordia Publishing House.

SCHNEIDER, Johannes.(1977). “ἠχέω.” Vol II. En *Theological Dictionary of the New Testament.* Gerhard Kittel y Gerhard Friedrich, eds. 10th edition. Grand Rapids: Eerdmans.

SCHREINER, Josef, ed. (1973). *Forma y Propósito del Nuevo Testamento.* Barcelona: Editorial Herder.

SCHREITER, Robert. (1985). *Constructing Local Theologies.* Maryknoll: Orbis Books.

SCHULZ, Klaus Detlev. (2009). *Mission from the Cross. The Lutheran Theology of Missions*. Saint Louis: Concordia Publishing House.

SCHWEIZER, Eduard. (1987). *La Carta a los Colosenses*. Salamanca: Ediciones Sígueme.

SEIBERT, Erní, ed. (2000). *A Missão de Deus Diante de um Novo Milênio*. Porto Alegre: Concórdia Editora.

Seminario Concordia. *Revista Teológica*. No. 166. Octubre de 2008. Buenos Aires: Seminario Concordia.

– *Revista Teológica*. Año 2012. Buenos Aires: Seminario Concordia.

SENIOR, Donald y Carroll Stuhlmueller. (1983). *The Biblical Foundations for Mission*. Maryknoll: Orbis Books.

SMITH, Fred. (2004). *La Dinámica de una Iglesia que Crece*. Buenos Aires: Publicaciones Alianza.

STEINBRONN, Anthony. (2007). *Worldviews. A Christian Response to Religious Pluralism*. Saint Louis: Concordia Publishing House.

STEUERNAGEL, Valdir, ed. (1992). *La Misión de la Iglesia. Una Visión Panorámica*. San José: Varitec.

STOECKHARDT, George. (1993). *La Epístola de San Pablo a Los Romanos*. Trad. del inglés por David Haeuser. Revisado por Mass Communication for Latin America, 1996. El Paso: Sínodo Evangélico Luterano de Wisconsin.

SURBURG, Raymond. "An Evaluation of the Law-Gospel Principle as a Hermeneutical Method." En *The Springfielder*. Vol. XXXVI. Number. 4. March, 1973. Springfield: Concordia Theological Seminary.

VALLESKEY, David. (2010). *El Apóstol Pablo. Vida y Estrategia Misionera*. Saint Louis: Editorial Concordia.

VAN AARDE, Timothy. (2016). "The Relation of God´s Mission and the Mission of the Church in Ephesians", en *Missionalia* 44-3. http://dx.doi.org/10.7832/44-2-117

– (2016). “The Use of οἰκονομία for Missions in Ephesians”, *Verbum et Ecclesia* 37 (1), a1489. http://dx.doi.org/10.4102/ve.v37i1.1489

VAN ENGEN, Charles. (1991). *God's Missionary People. Rethinking the Purpose of the Local Church.* Grand Rapids, Baker Book House.

VEITH, Gene Edward. (1994). *Postmodern Times. A Christian Guide to Contemporary Thought and Culture.* Wheaton: Crossway Books.

VERKUYL, Johannes. (1978). *Contemporary Missiology.* Grand Rapids: Eerdmans.

VICEDOM, Georg. (1965). *The Mission of God. An Introduction to a Theology of Mission.* Trad. Gilbert Thiele and Dennis Hilgendorf. Saint Louis: Concordia Publishing House.

VINE, W. E. (1997). *Vine's Expository Dictionary of Old and New Testament Words.* Nashville: Thomas Nelson Publishers.

VOELZ, James (1997). *What Does This Mean? Principles of Biblical Interpretation in the Post-Modern World.* 2nd edition. Saint Louis: Concordia Publishing House.

WALTHER, C.F.W. (1972). *Ley y Evangelio.* Buenos Aires: Editorial Concordia Argentina.

WEIMA, Jeffrey. (2014). *Baker Exegetical Commentary on the New Testament. 1 and 2 Thessalonians.* Grand Rapids: Baker Academic.

WIETZKE, Walter. (1977). *Believers Incorporated. The Message of Ephesians for Evangelical Outreach.* Minneapolis: Augsburg Publishing House.

WILLIAMS, David. (1999). *Paul´s Metaphors. Their Context and Character.* Peabody: Hendrickson Publishers.

WRIGHT, Christopher. (2006). *The Mission of God: Unlocking the Bible´s Grand Narrative.* Downers Grove: InterVarsity Press.